KB190391

다문화 시대의 세계시민을 위한
분쟁과 공존 이야기

세계

종교

유랑단

김서형 지음

다른

세계 종교 유랑단에 초대합니다

- 일시: **책을 펼친 언제든**
- 장소: **방구석 어디서나**
- 참여: **세계시민 누구나**

전 세계 인구의 84퍼센트가
종교를 믿는다고 합니다.
종교의 종류도 가지각색이에요.
기독교, 불교, 이슬람교, 힌두교 등
오랜 역사를 지닌 종교들이 공존해요.

종교 이념이 부딪히면서 갈등도 생겨나요.
십자군 전쟁, 나치의 유대인 학살도
종교 문제가 영향을 주었습니다.
오늘날 팔레스타인과 이스라엘 전쟁은
이슬람교와 유대교의 충돌로 생겨났고요.

종교 갈등은 분쟁의 가장 큰 원인이에요.
세계시민으로서 평화와 공생을 위해
다양성을 이해하고 존중해야 합니다.
공동체 의식이 자라는 종교 유랑,
지금부터 시작해 볼까요?

✦ 차례 ✦

동굴벽화와 최초의 종교의식

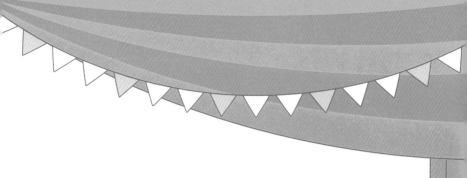

인류 최초의 원시종교

〈빌레도르프의 비너스〉라는 여인 조각상은 가슴이 풍만하고, 허리가 굵으며, 배와 엉덩이가 상당히 도드라진 모습입니다. 2만 년도 더 전에 만들어졌을 걸로 추정합니다. 중동이나 아프리카에서도 여인상이 발견되었으니, 유럽 신화에 등장하는 '비너스'라는 이름을 붙인 것은 잘못이라는 지적도 있습니다.

인류의 조상은 왜 여인상을 만들었을까요? 많은 학자는 옛사람들이 풍요와 안정, 다산을 기원하는 열망으로 여인상을 조각했을 것으로 생각합니다. 여인상은 인류 사회에 나타난 최초의 예술작품이자 원시종교이지요.

피카소도 감탄한
아름다운 동굴벽화

• • •

프랑스 철학자이자 소설가 장 폴 사르트르는 작가로서의 독립성과 자율성을 위해 노벨 문학상을 거부한 것으로 유명합니다. 공산주의 성향을 지녀 구소련과 북한을 인정한 것으로도 잘 알려져 있습니다. 그는 스페인 북부의 한 시골을 스페인에서 가장 아름다운 마을이라고 극찬했는데요. 바로 산티야나 델 마르입니다. 오늘날까지도 중세 시대 분위기가 그대로 보존된 마을이랍니다.

　이 마을에는 '구석기 시대 박물관'이라 불리는 동굴벽화가 있습니다. 바로 **알타미라 동굴벽화**입니다. 1868년 스페인 변호사이자 고고학자였던 마르셀리노 데 사우투올라는 산티야나 델 마르로 사냥을 하러 갔다가 동굴의 벽과 천장에 그려진 그림을 발견했습니다. 연대를 측정한 결과 이 그림은 약 3만~2만 5,000년 전에 이 지역에 살던 **호모 사피엔스**가 그린 것으로 밝혀졌습니다. 호모 사피엔스는 약 25만~20만 년 전에 아프리카 동북부 지역에서 등장한 현생인류의 조상이랍니다.

사우투올라는 약 4년에 걸쳐 여러 동굴벽화를 발견했고, 이를 책으로 출판했습니다. 그러나 학회의 반응은 매우 냉담했습니다. 동굴을 방문했던 많은 고고학자는 동굴벽화를 최근에 그려진 것으로 생각했습니다. 심지어 일부 고고학자는 사우투올라가 화가를 시켜 그림을 그린 것이라고 주장하면서 그의 책이 모두 거짓이라고 비난하기도 했습니다. 알타미라 동굴벽화를 도무지 구석기 시대의 그림으로 보기 어려웠기 때문이지요.

20세기를 대표하는 유명한 스페인 화가 파블로 피카소는 알타미라 동굴벽화를 본 후에 다음과 같이 말했습니다.

"알타미라 동굴벽화 이후 모든 미술은 쇠퇴하고 있다."

그의 말을 통해 우리는 알타미라 동굴벽화의 수준이 어느 정도인지 짐작할 수 있습니다. 많은 학자가 구석기 시대 그림이라고 믿지 못했던 이유를 알 수 있지요.

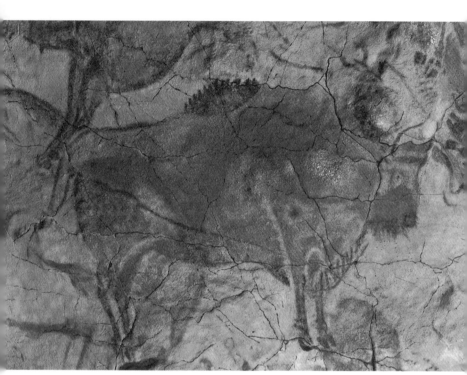

가장 오래된 벽화인 알타미라 동굴벽화

알타미라 동굴벽화에는 여러 동물이 나옵니다. 들소·말·사슴 등이 등장하지요. 이 가운데 가장 주목받는 그림은 〈상처를 입은 들소〉입니다. 튀어나온 바위 위에 죽어 가는 들소를 그린 이 그림은 유명한 화가가 그린 것처럼 매우 뛰어나다는 평가를 받습니다. 이 그림을 그린 호모 사피엔스는 들소의 모습을 자세하게 관찰했습니다. 기진맥진한 들소가 땅에 쓰러진 모습이나 자신을 방어하기 위해 머리를 숙이고 있는 모습을 털까지 세세하게 표현했답니다.

동물을 세밀하게 묘사한 것뿐만 아니라 여러 색상을 사용했습니다. 들소를 그린 후 연한 갈색과 진한 갈색·노랑색·빨강색·검은색 등 다양한 색상을 여러 차례 덧칠해서 명암을 표현한 것이지요. 이런 다채로운 색상은 나무 열매나 진흙 또는 색이 있는 돌에서 염료를 추출해 사용한 것으로 보입니다.

그림을 그리며 소원을 빌다

· · ·

호모 사피엔스가 알타미라 동굴에 이와 같은 벽화를 그린 이유는 무엇일까요? 동굴벽화를 그렸을 당시 호모 사피엔스는 이전에 살았던 다른 종들과 마찬가지로 생존에 필요한 식량을 주변 환경에서 얻었습니다. 숲에서는 동물을 사냥하거나 나무 열매를 따 먹고, 강에서는 물고기를 잡아먹었으며, 들에서는 곡물의 낟알을 가져와 먹었습니다. 이런 생활 방식을 '수렵채집'이라고 부릅니다.

그러나 생존은 그리 쉽지 않은 문제였습니다. 지구의 환경이 급격하게 변화하면서 식량을 구하는 것 역시 불안정했습니다. 따라서 인류의 기원을 연구하는 학자들은 알타미라 동굴벽화에 그려진 동물 그림에 주술적인 의미가 있다고 생각합니다. **주술**이란 초자연적인 존재나 신비한 힘을 통해 인간의 문제를 해결하려는 기술이나 방법을 의미합니다. 정확하게 설명하거나 증명하기는 어렵지만, 아마도 호모 사피엔스는 인간보다 강한 힘이 존재한다고 믿었던 듯합니다.

사실 이와 같은 생각은 호모 사피엔스의 등장 이전부터 존재했습니다. 약 35만 년 전 유럽에서 등장한 호모 네안데르탈렌시스도 초자연적인 힘을 믿었답니다. 흔히 네안데르탈인이라고 부르는 **호모 네안데르탈렌시스**는 오늘날 스위스 지역에 살았으며 곰을 특별한 존재로 믿고 숭배했습니다. 호모 네안데르탈렌시스의 유골과 곰의 두개골이 함께 발견된 것으로 미루어 짐작할 수 있지요. 프랑스에서는 소의 뼈가 발견되기도 했답니다. 시신과 함께 부장품을 묻는 풍습은 사후세계에 대한 믿음이 있었다는 것을 잘 보여 줍니다.

호모 사피엔스는 이와 같은 사상을 좀 더 발전시켰습니다. 특정 동물을 숭배하거나 사후세계를 믿는 것뿐만 아니라 현생에서의 생존과 행복을 바라는 소원까지 빌었던 것이지요. 호모 사피엔스의 이러한 열망은 동굴벽화에 잘 나타나 있답니다. 이들은 동굴 벽에 다양한 동물을 그리면 더 많은 동물을 잡을 수 있다고 믿었던 것입니다.

그런데 알타미라 동굴 벽에는 동물만 등장하는 것이 아니랍니다. 바로 동물을 사냥하는 사람의 모습도 그려져 있지요. 호모 사피엔스는 초월적인 힘이나 영혼에게 더 많은 동물을 사냥할 수 있도록 빌었고, 이를 위해 동물을 사냥하는 자신의 모습도 그림으로 그렸습니다.

사냥꾼 이외에 인간의 손바닥처럼 보이는 그림도 있습니다. 어떤 학자는 호모 사피엔스가 자신의 존재를 알리기 위해 손바닥을 그린 것이라고 말합니다. 또 다른 학자는 불안정한 환경 속에서 생존할 수 있도록 기원했던 열망이 손바닥을 통해 추상적으로 표현된 것이라고 주장합니다. 동굴벽화의 손바닥 그림이 무엇을 의미하는지는 아직 명확하게 밝혀지지 않았지만, 호모 사피엔스가 주술적인 의도나 목적으로 그림을 그렸던 것은 분명해 보입니다.

호모 사피엔스의 집단학습

· · ·

1940년 프랑스 도르도뉴에서 **라스코 동굴벽화**가 발견되었습니다. 라스코 동굴벽화는 약 1만 5,000년 전 그려진 것으로 지금까지 발견된 구석기 시대 유적 가운데 규모가 가장 큽니다. 사실 알타미라 동굴벽화를 발견했을 때까지도 다수의 학자는 구석기 시대에 예술이나 종교가 발전했다고 생각하지 않았습니다. 그러나 라스코 동굴벽화가 발견되면서 이러한 생각은 점차 사라졌습니다.

라스코 동굴은 벽화가 있는 중심 동굴과 주변 동굴, 그리고 중심 동굴의 우측 부분으로 구성되어 있습니다. 중심 동굴의 벽에는 여섯 마리의 소가 그려져 있는데, 가로 길이가 4~5미터 정도로 매우 큽니다. 그래서 이 그림은 한 사람이 그린 것이 아니라 여러 사람이 함께 그린 것으로 보고 있답니다. 이는 호모 사피엔스가 다른 종들과 달리 **집단학습**을 통해 지식과 정보를 전달했다는 사실을 보여 줍니다. 집단학습은 많은 양의 정보를 공유하고, 다음 세대까지 전수해 축적하는 것을 의미합니다.

따라서 라스코 동굴벽화에는 두 가지 기능이 있었던 것으로 볼 수 있습니다. 한 가지는 알타미라 동굴벽화와 마찬

구석기 시대의 유적 중 가장 규모가 큰 라스코 동굴벽화

가지로 풍요와 번영 등을 기원하는 주술적인 목적입니다. 다른 한 가지는 당시 호모 사피엔스의 생활을 기록하고, 집단학습을 통해 다음 세대에 지혜를 전수하기 위한 것입니다. 이를 위해 호모 사피엔스는 동굴에 실제 크기와 비슷한 여러 동물과 사람을 그렸습니다.

　지금까지 발견된 많은 동굴벽화는 스페인이나 프랑스 등 주로 유럽에 있습니다. 그래서 일부 역사학자는 당시 유럽에 살던 호모 사피엔스의 예술과 문화가 다른 지역의 호모 사피엔스보다 훨씬 발전했다고 주장했습니다. 그렇지만 이러한 주장을 반박하는 증거들이 발견되고 있습니다. 인도네시아에 있는 술라웨시섬의 마로스 동굴에서도 동굴벽화가 발견되었기 때문입니다.

　마로스 동굴벽화는 약 4만 년 전의 것으로 밝혀졌습니다. 지금까지 발견된 호모 사피엔스의 동굴벽화 가운데 가장 오래된 것입니다. 마로스 동굴벽화의 연대가 알려지면서 인류의 예술과 종교가 유럽이 아닌 아시아에서 먼저 시작되었다는 주장이 제기되고 있습니다. 마로스 동굴벽화야말로 약 12만 년~10만 년 전에 호모 사피엔스가 아프리카를 벗어나 유럽보다 아시아에 먼저 정착했다는 사실을 보여 줍니다.

　학자들은 특히 마로스 동굴벽화의 손 그림 기법에 주목

합니다. 다른 동굴벽화에서는 손의 형태나 윤곽선을 그렸다면, 마로스 동굴벽화의 손 그림은 손바닥을 동굴 벽에 대고 그 위에 색상을 뿌린 스텐실 기법을 활용했습니다. 우리는 손 그림을 통해 이미 아시아에서 유럽보다 먼저 추상적인 그림 기법을 사용했고, 주술과 예술 그리고 집단학습이 함께 발전했음을 짐작할 수 있습니다.

고래 사냥과 영혼 위로

· · ·

호모 사피엔스의 생활을 보여 주고, 여러 가지 주술적인 의미를 상징했던 그림은 우리나라에서도 발견되었습니다. 울산광역시 울주군 언양읍에는 국보 285호로 지정된 바위가 있는데요. 가로 약 8미터, 세로 2미터 정도 크기의 이 바위에는 고래·호랑이·사슴·멧돼지·토끼·거북 등 다양한 동물과 사냥하는 사람의 모습이 새겨져 있습니다. 평소에는 물에 잠겨 있다가 물이 마르면 그 모습을 볼 수 있지요. 이것을 **반구대 암각화**라고 부릅니다. 암각화는 바위에 새긴 그림을 뜻한답니다.

1971년 발견된 이후 오랫동안 학자들 사이에서는 암각

주술적인 의미가 들어간 우리나라의 반구대 암각화

화가 만들어진 시기를 둘러싼 논쟁이 있었습니다. 어떤 학자는 이 암각화가 지금으로부터 3,000년 전인 청동기 시대에 만들어졌다고 주장하는 반면, 다른 학자는 7,000년 전인 신석기 시대에 만들어졌다고 이야기합니다. 최근에는 신석기 시대에 만들어지기 시작해서 청동기 시대까지 이어졌다고 생각하는 학자가 많습니다.

반구대 암각화는 당시의 생활방식을 잘 보여 줍니다. 바위에 새긴 동물이 주로 사냥 대상이었다는 점에서 학자들은 그때 사람들이 동물을 많이 사냥하고 싶은 소망을 이 그림에 담았다고 주장합니다. 물고기를 잡는 배나 그물에 걸린 물고기 그림이 그러한 열망을 보여 준다는 것이지요. 또한 반구대 암각화에는 배가 볼록하게 나온 동물의 모습도 볼 수 있습니다. 다양한 동물이 번식하고, 더 많은 사냥감을 얻을 수 있기를 바라는 종교적 의식을 표현한 것입니다.

하지만 학자들은 반구대 암각화가 단순히 풍요로움을 기원하는 마음만을 반영하는 것은 아니라고 여깁니다. 이들은 반구대 지역이 인간이 사냥한 동물과 물고기의 영혼을 위로하기 위한 주술과 제사를 함께 행했던 장소라고 봅니다.

제사란 죽은 사람을 기리는 의식을 의미합니다. 호모 사피엔스 이전에 살았던 호모 네안데르탈렌시스는 사후세계를 믿었던 것으로 보입니다. 이들은 죽은 사람에게 꽃이나 동물 등을 바쳤습니다. 죽은 사람이 좋은 곳으로 갈 수 있도록 명복을 빌었던 것이지요. 하지만 호모 사피엔스는 사후세계를 믿는 것뿐만 아니라 추상적인 생각도 발전시켰습니다.

이들은 제사를 일종의 교류 행위라고 생각했답니다. 죽은 사람을 다시 만날 수는 없지만, 제사를 통해 죽은 사람과 서로 통하는 방법을 찾기 시작한 것이지요. 시간이 흐르면서 호모 사피엔스는 제사를 생명의 근원인 신과 만나는 행위로 생각하기 시작했습니다. 이와 같은 생각은 인간뿐만 아니라 인간의 생존을 위해 희생된 동물의 영혼을 기리고, 이들을 위로하기 위한 일련의 의식으로 확대되었습니다. 이러한 점에서 호모 사피엔스의 의식은 호모 네안데르탈렌시스보다 훨씬 복잡하고 정교합니다. 인류 역사에 나타난 최초의 종교라고 볼 수 있답니다.

자연, 동물 그리고 신

· · ·

원시종교는 초자연적인 현상에 대한 두려움과 숭배를 바탕으로 이루어진 신앙입니다. 초월적 존재를 숭배하지만, 교리나 경전이 없어 다른 종교처럼 빠르게 전파되지 못했습니다. 당연히 신자들이 모여 만든 단체도 없었지요. 대부분의 종교 지도자는 정치 지도자의 역할도 함께 수행했답니다.

대표적인 원시종교로 **애니미즘**을 들 수 있습니다. 애니미즘은 인간 세계의 모든 사물과 자연 현상, 생물 등에 생명과 영혼이 존재한다고 믿는 것입니다. 영혼이 있는 생물과 무생물 그리고 자연은 인간과 소통하며, 눈에 보이지 않는 신비한 힘이 존재하기 때문에 모든 것을 원칙이나 법칙으로 설명할 수 없다고 믿었습니다.

토테미즘도 원시종교의 일종입니다. '토템'은 원시사회의 씨족이나 부족 구성원이 특별한 관계를 맺고 있다고 생각하는 동물이나 식물 또는 자연물을 의미합니다. 여러분이 잘 알고 있는 단군신화에서는 곰과 호랑이를 토템으로 여기고, 중국에서는 오랫동안 뱀과 용을 토템으로 생각했지요.

샤머니즘은 주술사가 신의 중재자로서 중심이 되는 원시종교입니다. 우리나라의 무속신앙이 대표적인 샤머니즘입니다. 신내림을 받아 신을 섬기는 무당은 다양한 의례를 치릅니다. 잘 알려진 의례로는 원색 천을 흔들면서 춤을 추거나 독경을 외우는 행위, 작두 계단을 올라타는 것 등이 있습니다.

우리나라의 샤머니즘인 무속신앙

단군신화에서 환웅은 하늘에 제사를 지냈습니다. 그래서 많은 학자는 환웅을 우리나라 최초의 무당으로 해석하기도 합니다. 신라에서 무당은 왕을 의미하기도 했습니다. 통일신라 후기부터 국가나 공동체를 위한 의식이 아니라 질병과 악귀를 쫓기 위한 목적의 '굿'이 등장했습니다. 병을 물리치는 신인 처용에게 만수무강과 풍요를 비는 춤인 처용무가 대표적인 예입니다.

조선 시대에는 **유교**가 국가 이념이 되면서 무당에 대한 부정적 인식이 퍼졌습니다. 이후 샤머니즘의 영향력은 계속 줄어들어 오늘날에는 민간신앙으로 존재합니다. 유일신을 믿는 여러 종교에서는 신자가 무당을 찾아가서 점을 치거나 굿을 하는 행위를 금지하거나 죄악으로 여깁니다. 잘못된 무속신앙에 빠지면 재산을 쏟아붓거나 삶을 포기하기도 합니다. 중독되는 것이지요.

우리나라 헌법은 모든 국민이 종교의 자유를 가진다고 규정하고 있습니다. 어떤 종교를 믿을지는 개인의 자유이자 기본 권리이죠. 하지만 종교의 자유를 무제한으로 보장하지는 않습니다. 대법원에서는 국가의 안전보장이나 질서 유지 또는 공공복리를 위해 종교적 행위를 제한할 수 있다고 판결했습니다. 자신의 믿음만큼 타인의 생명과 재산 그리고 믿음도 중요하기 때문입니다.

인류 공존을 위한 지혜
• • •

최초의 주술 행위와 의식 이후 인류 역사에는 다양한 종교가 등장했습니다. 종교마다 서로 다른 신과 교리를 믿지요. 종교와 신념의 차이로 오랫동안 여러 지역에서 끊임없이 종교전쟁이 일어났습니다. 한 전문가는 종교야말로 세계에서 가장 잔혹한 행위 가운데 하나라고 지적하기도 했습니다. 그렇다면 종교전쟁을 끝내기 위해 우리에게는 무엇이 필요할까요?

여러 과학적 증거에 따르면, 약 700만 년 전 공통 조상에서 인간과 침팬지가 갈라져 나왔습니다. 그 후 500만 년 전쯤 세계 최초의 인류가 등장했습니다. 바로 '루시'라고 불리는 **오스트랄로피테쿠스 아파렌시스**입니다. 루시의 두뇌 용량은 침팬지와 큰 차이가 없었지만, 두 발로 걸었다는 점에서 다른 영장류와 구분되지요.

약 250만 년 전쯤 '호모'에 속하는 다양한 종이 나왔습니다. **호모 에렉투스**는 돌로 간단한 도구를 만들어 사용했고,

불을 사용했지요. 호모 네안데르탈렌시스는 시체를 매장하고 사후세계에 관심을 가졌습니다. 진화를 거치며 인류는 두뇌 용량이 점점 커져 똑똑해졌답니다. 아프리카에서 다른 지역으로 이동하면서 새로운 환경에 적응하기도 했어요. 그리고 약 25만 년 전에 우리의 조상인 호모 사피엔스가 나타났습니다. 여러 종 가운데 유일하게 살아남았지요.

호모 사피엔스가 살아남을 수 있었던 이유 가운데 한 가지는 바로 집단학습입니다. 호모 사피엔스는 집단학습을 통해 수많은 정보를 공유했고, 다음 세대에 자신들의 생활 양식을 전수했어요. 바로 종의 공존을 위해서였지요. 종교도 마찬가지입니다. 다른 종교에 대한 관용과 포용, 이것은 호모 사피엔스의 유일한 후손인 우리가 함께 살아가기 위해 지녀야 할 태도랍니다.

유랑단 게시판

1. 다른 종과 달리 호모 사피엔스가 동굴벽화를 그렸던 이유는 무엇일까요?

2. 다른 종교를 포용하기 위해 우리는 어떤 태도를 취해야 할까요?

다양성을 존중하는 힌두교

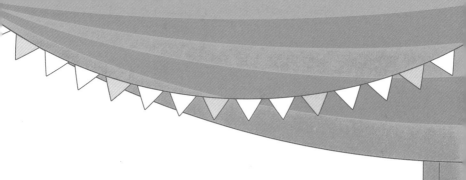

아요디아 사태

오늘날 많은 사람이 힌두교를 극단적이고 과격한 종교로 생각합니다.
이를 잘 보여 주는 사건이 아요디아 사태입니다.

1992년 급진적인 힌두교도들은 갠지스강 지류의 아요디아에 있는
이슬람 사원을 파괴했습니다. 이때 2,000여 명이 사망하며 인도
역사상 최악의 종교 분쟁으로 남았습니다.

자신의 종교가 가장 우월하다고 믿으면서 개종을 강요하는
근본주의자는 어느 종교에나 있답니다. 오히려 힌두교는 우리가
생각하는 것보다 훨씬 포용적이고 관용을 강조하는 종교입니다.

아리아인을 위한 카스트

· · ·

브라만교는 기원전 1500년~500년까지 인도에서 나타난 종교입니다. 흔히 브라만교는 인도유럽 신화에서 갈라져 나온 것으로 알려져 있는데요. 인도유럽 신화는 기원전 4500년 무렵 오늘날 러시아와 우크라이나 근처에 거주하던 사람들이 믿었던 신화입니다.

힌두교에서 여러 신 가운데 최고의 존재로 여기는 최고 신은 디에우스라는 하늘의 신이었습니다. 우주 만물을 만든 창조신이기도 했지요. 땅의 신·태양의 신·달의 신·사랑의 여신·물의 신·불의 신 등이 있었답니다. 어디선가 많이 들어 본 것 같지요? 바로 우리에게 익숙한 그리스로마 신화에 등장하는 신들과 비슷합니다. 여러 학자에 따르면, 인도유럽 신화는 유럽과 아시아의 다양한 지역으로 퍼져 그곳의 토착 신앙과 하나가 되었습니다. 그렇게 등장한 것이 바로 그리스로마 신화·베다 신화·게르만 신화·슬라브 신화 등이지요.

인도유럽 신화의 최고신 디에우스와 빛의 신 웨루노스는 베다 신화에 등장하는 물, 바다, 하늘 그리고 정의를 다스리는 최고신 바루나로 연결됩니다. 바루나는 가장 높은 세계에 살고 있었으므로 모든 지식을 알았습니다. 사람들은 우주를 창조한 존재라고 믿었지요. 특히 바루나는 사람을 치유하고, 족쇄를 채울 수 있는 특별한 능력이 있답니다.

기원전 1500년 무렵 인도에 도착한 **아리아인**은 브라만교를 믿기 시작했습니다. 아리아인은 원래 인도유럽 계통의 이란인이 스스로를 가리킬 때 사용했던 용어입니다. 19세기부터는 인도유럽어를 사용하는 민족을 의미했는데, 백인이 황인이나 흑인 등 다른 인종보다 우월한 인종임을 강조하기 위해 주로 사용했습니다.

브라만교의 가장 큰 특징은 바로 **카스트**입니다. 카스트는 정교하게 만들어진 신분 제도를 의미합니다. 아리아인은 오랜 기간에 걸쳐 인도 아대륙을 정복했고, 원래 이 지역에 살던 원주민 드라비다인은 결국 아리아인의 지배를 받게 되었습니다. 그 과정에서 아리아인은 지배계급인 '브라만'이 되었고, 드라비다인은 '수드라'가 되었지요.

사실 인도의 카스트는 매우 복잡합니다. 맨 위부터 차

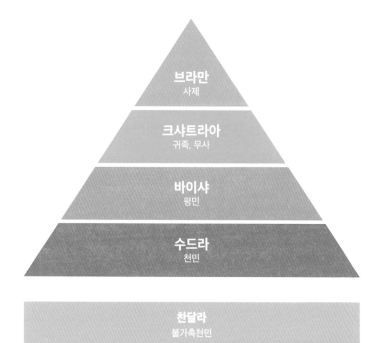

카스트 제도

례로 브라만사제, 크샤트리아귀족과 무사, 바이샤평민까지는 아리아인이고, 가장 아래 수드라천민는 드라비다인입니다. 이 4계급에도 속하지 못하는 5계급이 있는데, 바로 '찬달라'라는 불가촉천민입니다. 접촉하지도 말아야 한다는 뜻이지요. 이들은 주로 청소, 세탁, 도살 등의 일을 담당했습니다.

이러한 계급은 '바르나'로도 구분할 수 있습니다. 바르나는 '색'을 의미하는데, 피부가 하얀 아리아인과 어두운 드라비다인의 계급을 구분하고, 이에 따라 차별했습니다. 시간이 흐르면서 인종 간 결혼으로 혼혈이 등장하면서 바르나는 다양하게 분화합니다. 그래서 '혈통'이라는 뜻의 '자티'가 등장하는데, 전통적으로 전해 오는 가문의 직업이나 신분을 의미합니다. 현재 인도에는 3,000개 이상의 자티가 존재하는 것으로 알려져 있습니다. 다시 말해 인종 개념인 바르나는 카스트의 대분류이고, 직업과 생활양식을 규정하는 자티가 카스트에 더 큰 영향을 미친답니다.

오늘날 인도 헌법에서는 카스트를 부정합니다. 따라서 정확한 조사가 이루어지지는 않았지만, 여러 통계 자료를 바탕으로 살펴보면 브라만·크샤트리아·바이샤·상위 수드라 등은 전체 인구의 약 30퍼센트를 차지합니다. 하위 수드라와 찬달라가 약 20퍼센트를 차지하고, 나머지는 다른 부족이나 소외 계급입니다.

그렇지만 카스트는 여전히 인도 사회에서 많은 차별을 낳고 있습니다. 카스트에 따라 귀한 사람과 천한 사람을 구분하고, 카스트에서 낮은 계급에 속하면 부정한 사람으로 생각합니다. 계급이 낮은 사람 곁에만 가도 더럽혀진다고 생각하는 사람이 아직도 많답니다. 신분이 다른 사람들 간의 결혼도 철저하게 금지하고 있습니다. 브라만을 비롯한 상위 계급으로 구성된 인종 우월주의 집단도 있습니다. 이들은 눈에 거슬리는 하위 계급을 발견하면 잔인한 폭력을 가합니다. 그러고는 신의 뜻을 대신해 처벌한 것이라고 주장한답니다.

인도 정부는 카스트 제도 때문에 생기는 신분 차별과 그에 따른 악습을 끊어 내기 위해 노력하고 있습니다. 영국에서 독립한 이후 오랫동안 민주주의 체제를 유지하고 있으며, 국민 교육 수준도 향상되고 있지요. 전문가들은 조만간 인도 경제가 세계 3위로 올라설 것으로 예상합니다. 인도 정부는 계급적·사회적 빈부격차를 줄이기 위해 하층민에게 교육과 일자리 등에서 기회를 주는 할당제를 시행하고 있습니다. 이를 기반으로 사회 통합을 실현한다면 카스트 문제도 해결할 수 있을 것입니다.

힌두교의 3대 신

. . .

브라만교의 경전은 《리그베다》입니다. 《베다》는 인도에서 가장 오래된 힌두교 경전인데, 그중에서도 《리그베다》는 가장 오래된 것이지요. 브라만교의 사제가 종교 예식에서 사용하는 노래인 찬가를 모아서 쓴 것입니다. 집필 시기를 정확히 추정하기는 어렵지만 대략 기원전 1500년 무렵으로 추정하고 있습니다. 또한 출생이나 결혼 등에 관한 기록도 포함되어 있습니다.

8세기 인도 철학자 샹카라는 《베다》를 공부하고, 여러 지역을 돌아다니면서 많은 기적을 일으켰습니다. 그리고 베단타 철학을 세웠습니다. 베단타 철학은 《베다》의 다섯 개 부문 가운데 은둔하는 수행자를 위한 생활지침서인 〈아란야카〉와 철학 문헌을 모은 〈우파니샤드〉의 가르침을 연구합니다. 〈우파니샤드〉는 베다 철학의 결정체라 할 수 있기에 '베다의 끝'이라는 의미인 베단타라고도 불립니다.

베단타 철학에서는 브라만이 세상에서 유일하고 참된 존재입니다. 아트만은 개인이 내면에 품은 원리를 의미하지요. 그래서 개인이 자신의 본성을 깨달을 때 브라만과 동일해진다고 믿습니다. 브라만과 같은 절대적 존재가 우주의

보존과 유지를 담당하는 신인 비슈누

진정한 모습이며, 현실 세계의 다양한 모습은 환영이기 때문에 실체가 없다고 생각하지요.

베단타 철학을 바탕으로 브라만교는 힌두교로 진화했습니다. 가장 큰 변화는 새로운 신의 등장입니다. 힌두교의 대표적인 신은 브라흐마·비슈누·시바입니다. 브라흐마는 세상을 창조한 신으로서 우주의 원리와 질서를 만들었습니다. 비슈누는 보존과 유지를 담당하는 신이며, 시바는 파괴의 신이지요. 힌두교에서는 브라흐마가 모든 존재를 창조하고, 비슈누가 생명과 운명을 부여하며, 시바가 스스로 책임을 알게 해서 운명에 도달하게 한다고 믿습니다.

'힌두'라는 이름은 산스크리트어로 거대한 물을 의미합니다. 다시 말해 강이나 바다에서 유래했습니다. 어느 학자에 따르면, 고대 문명이 등장한 인더스강을 의미합니다. 기원전 515년에 페르시아와 이집트를 지배했던 아케메네스 제국의 다리우스 1세는 인더스강 일대를 정복하고, 이 지역을 '힌두'라고 불렀습니다. 이후 인더스강뿐만 아니라 갠지스강 유역까지 포함하는 명칭이 되었지요. 힌두교는 바로 이 지역에 사는 사람이 믿는 종교를 의미한답니다.

전성기를 맞이한 힌두교

• • •

기원전 327년 알렉산드로스 대왕은 오늘날 인도와 파키스
탄 국경에 해당하는 펀자브 지역을 공격했습니다. 이후 마
케도니아 군대는 동쪽으로 이동해 마가다 왕국과 전투를 벌
였습니다. 마가다 왕국은 6,000마리의 전투 코끼리를 가지
고 있었는데, 이는 마케도니아 군대에 큰 위협이 되었답니
다. 결국 알렉산드로스 대왕은 인도 아대륙을 완전히 정복
하는 데 실패했습니다.

알렉산드로스 대왕이 죽은 후 그의 계승자였던 마케도
니아 왕국의 장군 가운데 셀레우코스 1세는 가장 넓은 영토
를 차지하고 제국을 세웠습니다. 이 시기에 인도 아대륙에
서는 마우리아 왕조가 등장했는데, 셀레우코스 제국을 몰아
내고, 인도 최초의 통일제국을 세웠습니다. 그러나 마우리
아 왕조가 쇠퇴하면서 북인도와 남인도로 나뉘게 되었습니
다. 여러 왕조가 등장하면서 정치적으로 혼란스러웠지요.

셀레우코스 제국에서 독립한 그리스-박트리아 왕국은
인도 북부에 있는 펀자브 지역을 통치했습니다. 그렇지만
흉노와의 전쟁에서 패배한 월지족이 그리스-박트리아 왕국
을 점령하고, 이 지역에 쿠샨 왕조를 세웠지요. 펀자브 지역

의 그리스인은 남쪽으로 이동해서 왕국을 세웠는데, 간다라를 중심으로 헬레니즘 문화와 인도 문화가 융합한 간다라 미술이 나타나기도 했습니다.

쿠샨 왕조의 몰락 이후 북인도에는 **굽타 왕조**가 등장했습니다. 굽타 왕조는 힌두교를 기반으로 정치와 문화의 틀을 세웠어요. 이 시기에 힌두교의 3대 신인 브라흐마·비슈누·시바가 본격적으로 나왔답니다. 특히 4대 왕인 찬드라굽타 2세는 대규모의 정복 전쟁을 벌여 전성기를 이루었는데요. 영토를 넓힐 뿐만 아니라 문학과 예술을 적극적으로 장려했어요. 이 시기에 나온 대표적인 문학작품으로는 바라타족의 전쟁을 그린 대서사시 〈마하바라타〉를 들 수 있는데요. 인도 북부에서 벌어진 전쟁을 무려 20만 행으로 서술하고 있습니다.

〈라마야나〉라는 대서사시도 굽타 왕조 시대에 책으로 정리했습니다. 〈라마야나〉는 라마왕의 일대기를 그린 것으로 7편, 4만 8,000행으로 이루어져 있습니다. 주인공 라마왕을 비슈누의 화신으로 설정하고, 여러 이야기와 삽화를 곁들였답니다. 주로 라마왕의 무용담이나 불쌍한 왕비의 운명, 동생의 효심, 악마의 악행 등입니다. 라마왕 숭배는 곧 비슈누와 힌두교 숭배를 의미하는 것이었죠. 그래서 이 서사시는 문학적 의미뿐만 아니라 종교적 의미도 있습니다.

힌두교 대서사시 〈라마야나〉

왜곡된 신념이 미치는 영향

. . .

요가는 인도의 정신 수련법으로 유명합니다. 특정 자세를 통해 몸과 마음을 수련하고 무아지경의 상태에 도달하는 것이 목적입니다. 이를 통해 인간은 무지와 착각에서 풀려나고, 참된 자아를 찾을 수 있습니다. 4,500년 전 인더스 문명의 유적에서 요가 조각상이 발견되기도 했어요. 유네스코에서는 이렇게 역사가 긴 요가를 세계유산으로 선정하기도 했답니다.

요가는 1960년대 이후 유럽과 미국 등 다른 지역에서 유행했습니다. 이 시기 미국에서는 물질문명을 부정하고 정신적 가치를 강조하며, 자유와 평화를 사랑하는 운동이 널리 퍼졌어요. 바로 **히피**입니다. 히피족들은 인도 여행으로 불교를 비롯한 동양 종교와 철학을 배우고, 전통 무술과 요가도 배웠어요. 우리에게 아이폰으로 잘 알려진 애플의 창업주 스티브 잡스도 동양 문화에 관심이 많았답니다.

인도 철학이나 요가는 일본에서도 유행이었어요. 요가 수행자 아사하라 쇼코는 옴진리교라는 유사종교를 만들고, 청년을 대상으로 대규모의 교단을 이루었습니다. 쇼코는 각성 체험을 통해 시바 신의 환영을 보았다고 주장했습니다.

밀교 경전을 번역하고, 요가 수행을 통한 완전 해탈을 강조했지요. 그야말로 옴진리교는 힌두교와 티베트 불교, 종말론과 음모론까지 여러 종교의 혼합체였습니다.

쇼코는 '카르마'를 강조했습니다. 힌두교에서 카르마는 자신의 행위에 따르는 것을 의미합니다. 카르마로 현재와 미래가 결정되는 것이지요. 그래서 수많은 벌레를 죽이는 것은 사람을 죽이는 것과 동일한 '업'을 쌓는다고 가르쳤습니다. 업이란 말, 행동, 생각 그리고 그 원인과 결과를 의미합니다. 그러면서도 쇼코는 교주가 허락하면 신도를 때리거나 죽이더라도 죄가 되지 않는다고 했지요. 이런 방식으로 옴진리교는 폭력과 살인을 동반하는 테러를 정당화했습니다.

과거 옴진리교 신도의 증언에 따르면, 옴진리교의 최종 목적은 세상의 구원이었습니다. 이들은 해탈을 경험한 인간을 욕심과 번뇌로 가득한 인간과 구분했어요. 수행을 통해 욕심과 번뇌로 가득한 인간을 해탈시키는 것이 중요했지요. 만약 이들이 해탈하지 못하면 해탈한 인간이 이들을 죽여 구제해야 한다는 끔찍한 믿음이 있었답니다.

이를 위해 옴진리교는 수많은 테러를 일으켰습니다. 대표적인 사건은 1995년 도쿄에서 발생한 지하철 테러입니다. 원래 살충제로 개발되었다가 제2차 세계대전 당시 화학무기로 사용했던 독가스 '사린'을 지하철에 살포한 것입니다. 사망자는 십수 명에 그쳤지만, 이 사건은 인류 최초로 화학무기를 이용한 테러로 기록되었습니다. 왜곡된 종교 신념이 미치는 위협이 얼마나 큰지 잘 보여 주고 있지요.

모든 종교는 하나다

• • •

매년 9월 인도에서는 힌두교의 신 가운데 하나인 가네샤의 탄생을 기념하는 가네샤 하투르티 축제가 열립니다. 축제는 열흘 동안 이어지는데, 더러움을 정화하기 위해 수십만 개의 가네샤 조각상을 바다나 호수, 연못 등에 흘려보냅니다. 가네샤는 코끼리의 머리를 한 지혜와 행운의 신입니다. 그래서 힌두교에서는 가네샤를 숭배하면 온갖 어려움과 장애를 이겨 내고 학문과 사업의 성취를 이룰 수 있다고 믿습니다.

가네샤는 힌두교의 3대 신 가운데 파괴의 신인 시바와 그의 아내 파르바티의 아들로 알려져 있습니다. 그런데 원래 가네샤는 힌두교가 등장하기 전부터 인도에 존재하던 토착 신앙의 신일 가능성이 높다고 합니다. 토착 신앙이 힌두교에 흡수되면서 시바의 아들이 된 것이죠. 이는 힌두교가

지혜와 행운의 신인 가네샤

배타적인 종교가 아니라 다양성을 존중하는 관용의 종교임을 잘 보여 줍니다.

힌두교의 경전 《리그베다》에는 "하나이지만 현인들은 여러 가지라고 말한다"라는 내용이 나옵니다. 재앙을 없애고 복을 부르는 주술을 주로 담은 힌두교의 성전인 《아타르바베다》에도 "우주는 하나의 둥지다"라는 문장이 있습니다. 이 말은 무엇을 의미할까요? 서로 다른 종교와 믿음에는 여러 신이 존재하지만, 결국 이런 신들은 하나라는 것입니다. 서로 달라 보이지만 내면에는 공통으로 절대자의 신성을 가지고 있으므로 하나로 볼 수 있다는 것이지요. 힌두교에서 세상 모든 것은 하나로 연결되어 있답니다.

유랑단 게시판

1. 인도에서 종교 분쟁이 자주 생기는 이유는 무엇일까요?

2. 종교의 관용이 필요한 이유는 무엇일까요?

유대교와
반유대주의

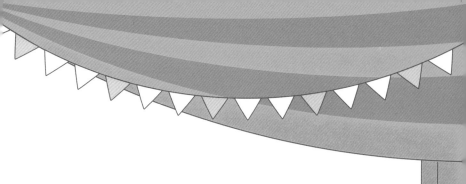

이스라엘-팔레스타인 분쟁

로마 제국이 유대인의 예루살렘 거주를 금지한 이후 팔레스타인
지역에는 오랫동안 이슬람교를 믿는 아랍인이 살고 있었습니다.
제1차 세계대전 이후 유대인은 팔레스타인 지역에 유대인의 나라를
건설하려 했지만, 아랍인 역시 영유권을 주장했지요. 예루살렘은
유대교의 성지이자 이슬람교의 성지이기 때문입니다.
그 후 유대인은 이스라엘을 건국했고, 팔레스타인 대부분 지역을
점령했습니다. 양측은 평화협정을 맺지 못하고 수십 년 동안 계속
전쟁을 하고 있습니다.

인류를 구원할 메시아

· · ·

한 기록에 따르면, 서아시아 가장 끝에 있는 시나이반도의 역사는 고대 이집트인이 구리를 찾기 위해 탐험하면서 시작되었습니다. 그렇지만 이 지역은 종교적으로도 매우 중요합니다. 일부 학자들은 '시나이'라는 이름이 중동 지역에서 가장 오래된 종교의 숭배 대상인 달의 신에서 비롯되었다고 주장합니다. 이스라엘 민족이 이집트에서 탈출한 이후 떠돌았던 지역도, 모세가 유대 민족의 유일신 야훼에게서 십계명을 받은 지역도 바로 이 지역이랍니다. 그래서 시나이반도는 오랫동안 성지로 유명했습니다.

이스라엘 역사에서 최초의 국가는 통일 이스라엘 왕국입니다. 《성경》에 따르면, 기원전 11세기 후반에 사울이 통일 이스라엘 왕국을 세웠습니다. 지혜의 왕으로 알려진 솔로몬이 다스리던 시기에 가장 번성했지요. 당시 기록에 따르면,

예루살렘에는 은이 발에 치일 정도로 많아 은을 돌처럼 여겼다고 합니다. 유대교 성전이나 궁전도 유명하지요. 이후 이스라엘 왕국은 서서히 쇠퇴하다가 북이스라엘 왕국과 남유다 왕국으로 분리되었습니다.

남유다 왕국은 《성경》에 등장하는 젖과 꿀이 흐르는 약속의 땅인 가나안 남부에 있었습니다. 약 300년 정도 이어지다가 기원전 597년에 멸망했습니다. 당시 전 세계적으로 가장 강력했던 나라는 메소포타미아 일대를 지배했던 신바빌로니아 제국이었습니다. 신바빌로니아 제국의 왕 네부카드네자르 2세는 활발한 정복 전쟁을 벌였는데, 지중해에 인접한 레반트 지역을 차지하면서 남유다 왕국까지 멸망한 것이지요. 수도 예루살렘은 완전히 파괴되었고, 1만 명이 넘는 유대인이 포로로 끌려왔습니다.

이 사건을 **바빌론 유수**라고 부릅니다. 유수는 '유배되어 갇힌 상태'를 의미한답니다. 바빌로니아 제국의 수도 바빌론으로 끌려간 유대인은 70년 이상 포로 생활을 했습니다. 당시 바빌로니아 제국에서는 **지구라트**를 건설하고 있었습니다. 지구라트는 높이 세워 올린 탑으로, 도시에서 신에게 바치는 신전이랍니다. 주로 햇볕에 말린 벽돌이나 불에 구운 벽돌로 만들었지요. 수많은 유대인은 지구라트 건설 현장의

남유다 왕국이 멸망하면서 유대인들이 신바빌로니아 제국의
바빌론에 포로로 끌려간 '바빌론 유수' 사건

노예가 되었습니다.

　힘든 노동을 이겨 내기 위해 유대인은 종교에 의지했습니다. 이때의 종교가 바로 유대교입니다. 율법서인《토라》와 예언서인《네비임》그리고 성문서인《크투빔》을 합쳐《타나크》라고 부르는데, 이것이 유대교의 경전입니다. 남유다 왕국이 멸망한 이후 유대교에서는《타나크》를 경전으로 삼았습니다. 타나크 외에도 유대교 율법학자 랍비의 의견을 기록한《탈무드》를 권위 있는 경전으로 인정합니다.

　유대교는 **야훼**라는 유일신을 믿습니다. 초기 남유다 왕국에서는 다른 신을 숭배하는 관습을 인정했지만, 바빌론 유수를 계기로 유대인은 유일신을 믿기 시작했습니다. 당시 페르시아에는 **조로아스터교**가 확산했습니다. 조로아스터교는 고대 페르시아의 예언자 자라투스트라가 창시한 종교로서 오직 하나의 신만 믿습니다. 조로아스터교의 영향으로 유대인도 유일신을 믿게 된 것입니다.

　세상을 선과 악으로 구분하고, 최후의 심판과 종말론에 대한 믿음 역시 조로아스터교에서 영향을 받은 것입니다. 이런 과정에서 유대교에서는 구원자 '메시아'에 대한 믿음이 퍼졌습니다. 메시아는 '기름 부음을 받은 자'라는 뜻으로 이스라엘에서는 왕위즉위식에서 왕의 머리 위에 올리브기름을 붓는 의식 때문에 메시아는 초기에 왕을 의미하는 단어로 사용되었습니다. 이후에는 사제와 축성을 받은 영도자를 뜻했습니다. 유대교에서는 메시아가 오면 지상에는 인류애와 영광이 가득하고, 전쟁이 사라지며, 모든 인류가 오직 한 사람의 창조주만을 인식해 영원한 평화가 유지될 것이라고 믿습니다.

메시아를 기다리면서 유대교에서는 **선민사상**이 발전했습니다. 흔히 유대교의 선민사상은 신이 유대인만 구원한다는 의미로 알려져 있는데요. 사실 유대교에서 메시아는 유대인만이 아니라 모든 민족을 위해 온다고 믿습니다. 하지만 변형된 선민사상 때문에 유대교는 오랫동안 다른 신이나 종교에 배타적으로 여겨졌고, 유대인 역시 미움을 받았습니다.

최초의 반유대인 폭동 사건

· · ·

오늘날 이란에는 인류 역사상 최초로 메소포타미아, 이집트 등을 통일한 거대한 제국이 존재했습니다. 기원전 550년에 시작된 아케메네스 제국입니다. 키루스 2세는 메디아를 비롯해 리디아, 신바빌로니아를 정복하면서 엄청난 영향력을 자랑하는 제국을 세웠습니다. 그러면서 스스로를 '세상의 왕'으로 선포했답니다.

키루스 2세는 조로아스터교를 믿었습니다. 그래서 종교적 관용을 베풀어 바빌론에 포로로 끌려온 유대인을 해방했습니다. 유대인이 예루살렘에 돌아갈 수 있도록 했고, 신바빌로니아 제국과의 전쟁으로 파괴된 성전 재건까지 도와주었습니다. 그야말로 유대인에게 키루스 2세는 해방자이자 구원자였지요.

그렇지만 모든 유대인이 예루살렘으로 돌아온 것은 아니었습니다. 여전히 많은 유대인이 팔레스타인 지역으로 돌아오지 못했지요. 바빌론 유수 이후 팔레스타인 밖에 흩어져 살면서 유대교의 규범과 생활 관습을 지키는 유대인 공동체를 **디아스포라**라고 부릅니다. 넓은 의미로는 자기 나라를 떠나 다른 나라에서 사는 공동체 집단 또는 이주 그 자체를 의미하고, 좁은 의미에서는 전 세계에 흩어져 사는 유대인 공동체를 뜻합니다.

당시 이집트의 **알렉산드리아**라는 국제무역 도시에는 규모가 큰 유대인 공동체가 살고 있었습니다. 일부 문헌에 따르면, 무려 100만 명 이상의 유대인이 거주했답니다. 알렉산드로스 대왕은 처음 이집트에 알렉산드리아를 만들면서 그리스인을 옮겨 와 살도록 했고, 그리스어를 공용어로 삼았어요. 알렉산드리아의 유대인 역시 그리스어를 사용하고, 그리스인과 결혼하기도 했습니다. 그렇지만 그리스 신화를 무시하고, 야훼만을 진정한 신으로 생각하는 유대인의 배타적 신앙 때문에 결국 **반反유대주의**가 나타나기 시작했습니다.

기원전 30년 로마의 황제였던 아우구스투스가 이집트를 정복하자 알렉산드리아는 로마 제국 황제령으로 몰락했습니다. 그에 따라 알렉산드리아의 그리스인은 많은 특권을 빼앗겼지요. 하지만 유대인은 로마 시민권을 얻고 사회에 영향력을 행사했어요. 그러자 알렉산드리아에서 유대인에 대한 불만이 빠르게 퍼져 나갔고, 결국 최초의 반유대인 폭동이 일어났습니다.

한편 예루살렘에서는 로마의 간접 통치가 이어지고 있었는데, 기원후 38년 로마 제국 황제 칼리굴라는 헤로데 아그리파스 1세를 유대인의 왕으로 임명했습니다. 로마에서 유다 왕국으로 가는 길에 그는 알렉산드리아에 들렀어요. 유대인은 그를 크게 환영했지요. 이러한 모습에 그리스인은 위협을 느꼈습니다. 유대인이 알렉산드리아를 장악해 버릴지도 모른다는 불안감 때문에 유대인을 조롱하고, 유대교 회당인 시나고그에 황제의 동상을 세우려고 했습니다. 유대인이 이를 반대하자 유대인의 권리를 없앴으며 유대인들을 감금했습니다. 고문이나 살해를 당하기도 했답니다.

칼리굴라의 뒤를 이어 황제가 된 클라우디우스 1세는 알렉산드리아 폭동 사건을 재조사했습니다. 그리고 반유대주의 주동자를 처형했어요. 서신을 통해 그리스인과 유대인의 화합을 강조하고, 로마 시민권을 얻은 유대인의 특권을 계속 유지할 것이라고 밝혔습니다. 하지만 두 민족의 갈등은 계속되었습니다. 결국 로마 제국과 유대인 사이에 전쟁이 발발했을 때 유대인 집단 학살이 일어났고, 반유대주의는 더욱 심해졌습니다.

66년부터 135년까지 총 세 차례에 걸쳐 유대인과 로마 제국 사이에 전쟁이 발생했습니다. 유대 지역은 로마 제국과 이집트를 육로로 연결하는 중요한 지역이었으므로 로마 제국의 입장에서는 이곳을 지켜야 했지요. 세 번의 전쟁으로 유대인은 영토와 국가, 성전을 잃었고 로마 제국은 유대교를 박해했습니다.

유대인의 새로운 직업

· · ·

313년 로마 제국 황제 콘스탄티누스 1세는 **밀라노 칙령**을 발표했습니다. 로마 제국의 다양한 종교를 인정한다는 내용이었지요. 이를 계기로 로마 제국에서는 기독교를 믿는 것이 가능해졌습니다. 시간이 흘러 380년 테오도시오스 1세는 '테살로니카 칙령'을 통해 기독교를 로마 제국의 국교로 삼았습니다.

이후 유대인에 대한 차별과 박해는 더욱 심해졌습니다. 기독교인과 유대인의 결혼이 금지되었고, 함께 식사할 수조차 없었습니다. 유대인은 노예뿐만 아니라 토지도 소유할 수 없어 농사를 짓지 못했습니다. 유대인이 선택할 수 있는 직업은 **대금업** 정도밖에 없었답니다.

대금업은 이자를 받고 돈을 빌려주는 일을 의미합니다. 유대인이 대금업에 종사할 수 있었던 이유는 바로 이자에 대한 관점이 기독교인과 달랐기 때문입니다. 기독교에서 이자는 시간의 대가이기 때문에 시간의 주인인 하나님의 것으로 생각했습니다. 그래서 로마 교황청에서는 기독교인이 대금업에 종사하는 것을 금지했지요.

그렇지만 유대교에서는 이방인에게 돈을 빌려주고 이

유대인이 유일하게 선택할 수 있었던 직업인 대금업

자를 받는 것을 허용했습니다. 기독교가 지배하는 사회에서 배척당하고, 속할 곳이 없던 유대인이 할 수 있는 일은 대금업밖에 없었답니다. 덕분에 유대인은 부를 쌓고, 마을이나 도시를 돌아다니면서 교역과 상업에 몸담을 수 있었습니다. 잉글랜드의 유대인은 왕의 후원과 보호 아래 상권을 차지하고, 자치권을 인정받았습니다. 경제적으로 부유해졌고, 권력도 얻었지요.

그러나 11세기 말에 시작된 **십자군 전쟁**으로 반유대주의는 더욱 강화되었습니다. 교회는 유대인을 예수를 죽인 살인자라고 비난했습니다. 잉글랜드를 비롯해 유럽 전역에서 반유대주의가 퍼지기 시작했어요. 여러 지역에서 유대인을 추방하거나 학살하는 일이 자주 생겨났습니다. 유대인이 사망하면 채무가 없어지고 영주가 재산을 가질 수 있기 때문입니다. 유럽 사회에서 반유대주의는 일상적인 풍경이었지요.

포그롬과 홀로코스트

• • •

러시아에서도 반유대주의는 심각했습니다. 원래 러시아는 유대인이 많이 거주하던 국가가 아니었는데, 폴란드가 나누어지는 과정에서 러시아가 오늘날 우크라이나와 벨라루스 지역을 얻으면서 유대인 인구가 증가했습니다. 당시 러시아에서는 지주의 토지 관리인으로 일하는 유대인이 많았는데, 가난한 러시아 농민과 유대인의 갈등이 깊어졌습니다.

1792년 러시아에서는 새로운 법령이 제정되었습니다. 이 법령에 따르면, 유대인은 아무 곳에나 거주할 수 없고 오직 러시아 서부 지역에만 살 수 있었습니다. 특별 허가를 받은 소수의 유대인만 동쪽으로 이동할 수 있었지요.

1881년 3월 러시아 황제 알렉산드르 2세가 테러리스트에게 암살당했습니다. 황제는 농노를 해방하고, 서민의 생활을 안정하는 데 노력했기 때문에 대중에게 많은 지지를 받았습니다. 그런데 황제 암살자가 유대인이라는 소문이 퍼졌어요. 그러자 러시아 제국에 있는 200개 이상의 마을과 도시에서 유대인에 대한 공격과 학살이 발생했습니다. 이것이 최초의 **포그롬**입니다.

포그롬은 러시아나 동유럽에서 일어났던 반유대주의 폭동 또는 학살을 의미해요. 1903년 오늘날 루마니아와 우크라이나 사이에 있는 몰도바 공화국의 수도 키시네프에서 여섯 살 아이가 살해되었습니다. 당시 유대인이 이집트에서 탈출한 사건을 기념하는 유월절 축제에서 피를 사용하기 위해 아이를 살해했다는 주장이 퍼지면서 대규모의 폭동과 학살이 생겨났습니다. 범인은 아이의 친척이라고 밝혀졌지만, 러시아 정부는 진실을 알리는 데 소극적이었습니다.

역사적으로 가장 끔찍한 유대인 학살은 **홀로코스트**입니다. 홀로코스트는 독일 나치 정권이 600만 명 이상의 유대인을 조직적으로 학살한 사건을 의미합니다. 제1차 세계대전에서 패배한 독일은 1,320억 마르크라는 엄청난 전쟁 배상금을 내야 했습니다. 그런데 1929년 10월, 미국에서 시작된 대공황으로 전 세계는 심각한 경제 불황에 빠졌습니다. 독일은 특히 상황이 심각했지요.

전쟁 배상금을 지급하고 무너진 나라를 다시 일으켜 세우기 위해 독일 정부는 무분별하게 화폐를 발행했습니다. 하지만 결국 엄청난 인플레이션이 나타났습니다. 이때 독일에서 유행한 것이 바로 반유대주의였습니다. 나치는 독일인의 인종적 우월성을 강조하면서 독일에 사는 유대인을 모조리 없애야 한다고 주장했습니다. 유대인 상점과 건물에 불을 지르고, 유대인의 재산을 빼앗았습니다.

1942년 1월 20일 독일 베를린에서 25킬로미터 정도 떨어진 반제에서는 인류 역사상 매우 중요한 회의가 열렸습니다. 나치 지도부는 이 회의에서 당시 독일에 살아가던 유대

나치가 유대인 상점과 저택을 약탈하고 방화한 '수정의 밤' 사건

인을 여러 수용소로 옮기고, 말살하기로 합니다. 나치가 홀로코스트를 시행한 이유는 아직 정확하게 밝혀지지 않았습니다. 그렇지만 많은 학자는 오랫동안 유럽에 퍼진 반유대주의가 홀로코스트의 원인 가운데 하나라고 생각합니다.

당시 독일에서는 우생학이 유행했습니다. 우생학은 인간의 유전형질 가운데 우수한 것을 골라 내고 개량해서 인간의 품질을 올릴 수 있다고 믿는 유사과학입니다. 많은 독일인에게 유대인은 열등한 인간이었고, 국가와 사회를 파괴하는 존재였습니다. 그래서 나치는 조부모 가운데 한 사람이 유대인이면 손자까지 유대인으로 규정하는 조항을 만들었습니다. 독일과 유럽에서 유대인을 완전히 없애려는 의도였지요. 반유대주의의 절정을 보여 주는 역사적 사례입니다.

하레디의 차별과 배제

• • •

보수주의 유대교 집단을 '하레디'라고 부릅니다. 하레디는 히브리어로 '경외' 또는 '두려움'을 의미합니다. 하레디 남성은 흰색 셔츠, 검은색 바지와 모자를 착용합니다.《구약성경》에 등장하는 모습 그대로이지요. 이들은 현대사회와는

히잡을 쓴 하레디 여성

거의 단절된 생활을 한답니다. 텔레비전이나 라디오, 인터넷 등을 금지하고, 스마트폰이 아닌 휴대전화나 집 전화 정도만 허용합니다. 가장 중요한 일은 유대교 경전인 《토라》를 공부하고, 신을 찬양하는 것입니다. 종교가 모든 생활을 지배하지요.

하레디는 매우 폐쇄적이고 극단적인 집단입니다. 외부인이 공동체를 방문하는 경우, 반드시 허락을 받아야 합니다. 허락 없이 촬영하는 것 역시 금지합니다. 예배를 드릴 때는 출입조차 제한해서 외부인은 들어갈 수 없습니다. 유대교의 순수성을 보존하기 위해 다른 종교나 문화와 통하거나 섞이는 것을 거부하고, 고립을 원하기 때문입니다.

무엇보다도 하레디는 여성에게 매우 차별적입니다. 여성을 위한 교육이 거의 없습니다. 하레디는 유대인 중에서도 출산율이 가장 높습니다. 이스라엘의 평균 출산율이 2.5명인데 반해, 하레디의 출산율은 6~7명입니다. 국가에서 다자녀 지원금을 지급하므로 하레디는 자녀를 많이 낳아 생계를 유지합니다. 그러니 여성을 교육할 이유가 없지요.

하레디는 공공장소에서 남녀를 엄격하게 분리합니다. 버스나 항공기에서 여성은 남성과 나란히 앉을 수 없습니다. 신문에서는 여성의 사진도 게재하지 않습니다. 9·11 테러를 주도한 오사마 빈 라덴 사살 작전 브리핑에서 힐러리 클린턴의 사진을 삭제한 것은 매우 유명하지요. 검은색 히잡이나 심지어 부르카를 착용하도록 강요하기도 합니다. 히잡은 얼굴의 일부와 머리를 둘러싸는 천이고, 부르카는 머리부터 발끝까지 천으로 덮는 가장 폐쇄적인 이슬람 여성 복장입니다. 유대인이라고 밝히지 않으면 폐쇄적인 이슬람교도로 착각할 정도입니다.

하레디는 여성을 차별할 뿐만 아니라 성소수자도 혐오합니다. 동성애 또는 동성애자에 대한 부정적인 태도나 감정, 경멸, 혐오, 편견 등을 '호모포비아'라고 부릅니다. 하레디는 동성애가 유대교의 교리에 어긋나는 죄악이라고 생각합니다. 2015년 예루살렘에서 성소수자 퍼레이드가 열렸을 때, 하레디교도가 테러를 일으켜 여학생이 사망하는 사고가 발생했습니다. 종교를 핑계로 폭력과 테러를 저지르는 것이지요.

유랑단 게시판

1. 다른 종교보다 유대교에 대한 박해가 특히 심했던 이유는 무엇일까요?
2. 유대교의 여성 차별주의를 극복하는 방법은 무엇일까요?

평등을 지키는 이슬람교

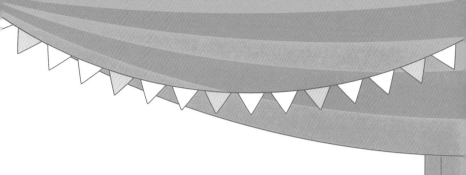

9·11 테러와 이슬람 극단주의

2001년 9월 11일 화요일. 오사마 빈 라덴을 중심으로 움직이는
테러 단체인 알카에다가 미국을 대상으로 테러를 일으켰습니다.
세계무역센터가 붕괴했고, 3,000명 이상의 사망자와 6,000명이 넘는
부상자가 나왔습니다. 역사상 가장 큰 인명 피해를 입은 테러입니다.
알카에다 중에서도 가장 강경한 극단주의 세력을 중심으로 형성된
테러 단체는 IS입니다. 이슬람교의 세계 정복과 이슬람 제국의 부활을
목적으로 삼고, 테러와 학살을 저지르는데요. 과연 이들의 주장처럼
성스러운 전쟁이라고 할 수 있을까요?

복수의 칼을 빼든 무함마드

. . .

이슬람교는 **알라**를 유일한 신으로 믿는 종교입니다. 알라는 신의 이름이라기보다는 유일신을 가리키는 호칭입니다. 아랍어를 사용하는 사람들은 유일신을 모두 알라라고 부르지요. 이슬람교도가 되기 위해서는 "알라 외의 신은 없으며, 무함마드는 알라의 사자"라는 내용을 아랍어로 암송해야 합니다.

무함마드는 이슬람교의 창시자입니다. 가난한 고아로 자라 상단 주인과 결혼했는데요. 이후 중개무역으로 부유하게 살다가 갑자기 이상한 증상을 보였습니다. 그래서 메카 북쪽에 있는 산에서 기도와 명상을 하면서 은둔생활을 했습니다. 어느 날 무함마드는 천사 지브릴의 계시를 받아 자신이 선지자가 된 것을 알게 되었습니다. 지브릴은 《성경》에 나오는 천사 가브리엘의 아랍어식 이름입니다. 그 후 무함마드는 포교 활동을 시작했습니다.

무함마드를 찾아온 천사 지브릴

무함마드는 가족과 친구 등 가까운 사람부터 포교했지만, 성과는 좋지 않았습니다. 우상숭배와 순례를 금지했고, 평등을 강조했기 때문입니다. 순례는 성인의 무덤이나 거주지처럼 종교적 의미가 있는 지역을 방문하고 참배하는 것을 의미합니다. 상인에게 매우 좋은 돈벌이 기회였지요. 그래서 당시 메카를 지배하고 있던 쿠라이시 부족은 무함마드를 심하게 배척했답니다. 가난하거나 보호자가 없는 이슬람교도를 박해하기도 했습니다. 결국 무함마드는 메카를 떠날 수밖에 없었습니다.

오늘날 사우디아라비아 서부에는 메디나라는 도시가 있습니다. 이 지역은 오래전부터 땅이 기름져서 유대인을 비롯해 많은 사람이 정착해 살고 있었습니다. 하지만 치안이 좋지 않았고 전쟁이 끊이지 않았어요. 그래서 메디나를 통치하는 사람들은 무함마드를 중재자로 초대했답니다.

메디나로 출발하는 날 밤, 무함마드는 메카인의 습격을 받았습니다. 이들의 습격을 피해 도망치는 무함마드를 거미, 비둘기 등 여러 동물이 도와주었지요. 무함마드는 가까스로 메디나에 도착했습니다. 이슬람교에서는 이날을 **헤지라**라고 부릅니다. 헤지라는 아랍어로 '이주'를 뜻하는데, 기존의 관계를 끊고 새로운 관계를 맺는 것을 의미한답니다.

한 기록에 따르면, 헤지라는 622년 7월 2일인데 이날이 바로 이슬람교가 시작한 원년입니다.

메디나로 옮겨 온 무함마드는 메카를 공격했습니다. 처음에 무함마드는 패배했는데, 이후 전쟁에서 승리한 그는 메카의 편을 든 유대인과 항복을 권했던 사람들을 모두 죽이거나 노예로 삼았습니다. 결국 무함마드는 메카를 정복하고, 이슬람교 성전을 세웠습니다. 그리고 신앙고백과 기도, 순례, 금식 그리고 이교도에 대한 인두세인 지즈야를 포함한 규칙을 만들었습니다. 이슬람교의 근본을 세운 것이지요.

전 세계 학자들의 실험실

· · ·

750년, 오늘날 이라크를 중심으로 새로운 이슬람 제국이 세워졌습니다. 바로 아바스 제국입니다. 아라비아반도뿐만 아니라 서아시아와 아프리카 북부 지역까지 지배했지요. 제국의 수도는 바그다드였는데, 기록에 따르면 당시 바그다드의 인구는 200만 명 이상이었습니다. 오늘날 서울시 인구의 약 4분의 1 정도 규모입니다. 당시 세계에서 가장 큰 도시 가운데 하나였지요.

아바스 제국의 7대 칼리파는 알 마문이었습니다. 칼리파는 이슬람 제국의 정치 지도자이자 종교 지도자를 의미합니다. 마문은 학문에 관심이 많았습니다. 그래서 바그다드를 세계에서 학문이 가장 발전한 도시로 만들고자 했답니다. 당시 아바스 제국에는 끊임없이 내전이 발생해서 바그다드의 여러 곳이 파괴되었습니다. 도시를 재건하면서 학문 발전을 위한 도서관을 설립했는데, 바로 **지혜의 집**입니다.

지혜의 집은 단순히 책만 보관하는 도서관이 아니었습니다. 전 세계의 수많은 서적을 번역하고, 지식을 전파하는 중심지였지요. 특히 다양한 그리스 문헌을 번역했습니다. 우리에게도 잘 알려진 고대 그리스 수학자 피타고라스, 철학자 플라톤과 아리스토텔레스, 천문학자 프톨레마이오스, 의사 히포크라테스와 갈레노스의 서적은 모두 지혜의 집에서 번역한 것이랍니다.

아랍어로 번역한 그리스 문헌은 세계사에서 매우 중요합니다. 기독교가 지배하던 중세가 끝나고, 14세기에 이탈리아를 중심으로 고대 그리스와 로마 문화를 바탕으로 인간을 새롭게 이해하려는 운동이 일어났습니다. 바로 르네상스입니다. 그런데 르네상스 초기 유럽에서는 고대 그리스 학자의 사상을 연구한 사람이 거의 없었답니다. 결국 아랍어

책을 보관하고 지혜를 전파하던 도서관인 '지혜의 집'과 학자들

로 번역한 그리스 문헌이 다시 라틴어로 번역되어 르네상스의 학문적 기반을 제공했지요.

지혜의 집은 자연과학의 발전에도 많은 영향을 미쳤습니다. 특히 수학의 발전에 중요한 토대를 마련했는데요. 고대 그리스와 인도의 수학을 바탕으로 9세기부터 10세기까지 이슬람 수학은 엄청나게 발전했습니다. 대수학은 수학문제를 간단하게 만드는 기술을 의미합니다. 미지수에 변수를 대입하고, 계산해서 방정식을 푸는 기술이지요.

페르시아의 수학자 무함마드 이븐 무사 알콰리즈미는 지혜의 집에서 연구하면서 대수학을 연구하고, 그리스 서적을 번역했습니다. 대수학을 의미하는 영단어 '알제브라 Algebra'와 문제를 해결하기 위한 절차 또는 방법을 의미하는 '알고리즘algorithm'은 모두 그의 이름에서 유래한 것입니다. 알콰리즈미는 아라비아 숫자와 십진법을 유럽에 알리는 데에도 크게 기여했어요.

지혜의 집에서는 전 세계의 많은 학자가 모여 실험하고 토론했습니다. 인종이나 민족, 종교는 크게 상관하지 않았어요. 이슬람 제국과 학문의 발전을 위해서라면 모든 지식을 배웠고, 누구에게나 피난처와 연구 공간을 제공했습니다. 다른 문화에 개방적이고 관용적이었습니다. 아바스 제국에서 학문의 황금시대가 올 수 있었던 이유입니다.

오스만 제국의 탄생과 몰락

박해를 피해 메디나로 이동한 무함마드는 메카와 전쟁을 벌였습니다. 이때 그는 같은 부족끼리 약탈전을 피해 사막의 도둑 무리와 동맹관계를 맺었지요. 아랍어로 약탈전을 '가즈와'라고 부릅니다. 원래는 가축을 빼앗기 위해 벌이는 소규모 전쟁을 의미하는데, 이슬람교의 세력을 넓히기 위한 원정까지 포함합니다. 그리고 원정에 참여하는 전사를 '가지'라고 불렀습니다. 이슬람 제국의 여러 정치 지도자는 자신이 이슬람교의 대의를 바탕으로 제국을 확대한다고 생각해서 스스로 '가지'라고 칭했지요.

오스만 제국을 수립한 오스만 1세도 마찬가지였습니다. 오스만 1세의 아버지는 아나톨리아반도에 있는 룸 술탄국의 신하였지만, 전쟁으로 자신의 영토를 넓히는 데 관심이 많았습니다. 당시 전 세계적으로 가장 강력한 국가는 몽골 제국이었어요. 아나톨리아반도 근처의 튀르크족은 몽골 군대를 피해 서쪽으로 도망쳤습니다. 그런데 이들은 오히려 자신들이 이슬람교 세력을 막고 영토를 넓히기 위해 다른 곳으로 이동한다고 생각했어요. 그래서 이들 역시 스스로 가지라고 생각했답니다.

오스만 1세는 이런 가지를 끌어들였습니다. 그리고 몽골 제국을 피해 피난처를 찾던 성직자와 학자도 받아들였지요. 이들은 오스만 1세의 영토에 정착해서 새로운 국가가 되기 위한 체제를 마련했습니다. 1299년 오스만 1세는 마침내 독립국을 선포했습니다. **오스만 제국**은 이렇게 탄생했어요.

오스만 제국은 활발한 전쟁을 통해 영토를 확대했습니다. 14세기 초에는 발칸반도에 진출했고, 오늘날 터키의 가장 서쪽에 있는 에디르네를 점령했습니다. 이 도시는 동로마 제국의 수도 콘스탄티노폴리스와 독일 남부에서 루마니아를 통해 흑해까지 흘러가는 다뉴브강을 연결하는 중요한 지역이었어요. 전쟁을 위해 오스만 제국은 예니체리를 만들었습니다. 예니체리는 황제 친위대로서 알라와 황제 외에는 복종하지 않는 걸로 유명했답니다.

1453년 동로마 제국은 결국 오스만 제국에 의해 몰락했습니다. 콘스탄티노폴리스는 오스만 제국의 수도가 되었고, 이스탄불이라는 새로운 이름이 붙게 되었습니다. 그리스 정교회 성당이었던 하기아 소피아는 이슬람교의 예배 장소인 **모스크**로 변했지요. 이집트와 이라크도 몰락하면서 오스만 제국은 아라비아반도와 유럽, 북아프리카까지 지배하는 광대한 제국으로 발전했습니다. 오스만 제국은 600년 정도 이어지다가 제1차 세계대전 이후 대부분의 영토를 잃고, 1922년에 사라졌습니다. 비록 오늘날에는 존재하지 않지만, 이슬람교를 확대하기 위한 활발한 정복 전쟁은 오스만 제국의 발전에 가장 중요한 토대였답니다.

시아파 VS 수니파

• • •

이슬람교의 창시자 무함마드 사망 이후 이슬람 세계를 통치할 지도자를 선정하는 과정에서 분열이 생겨났습니다. 고아였던 무함마드는 삼촌에게 입양되어 키워졌습니다. 그렇기에 사촌 형제인 알리 이븐 아비 탈립과 매우 친했지요. 무함마드 대신 암살자를 맞이한 사람도, 쿠라이시 부족과의 전쟁에서 가장 맹렬하게 싸운 사람도 알리였습니다. 그래서 많은 사람은 알리를 무함마드의 후계자라고 생각했습니다.

그런데 알리를 반대하는 사람들이 있었습니다. 무함마드의 혈연이 아니기 때문에 선출과 합의를 통해 적합한 후

계자를 뽑아야 한다는 것이었지요. 결국 메카 최고 권력 집단인 쿠라이시 부족의 우마이야 가문 출신인 우스만 이븐 아판이 칼리파로 뽑혔습니다. 그가 지닌 부와 인맥, 출신 등은 이슬람교가 커지는 데에 많은 도움이 되었답니다. 하지만 우스만은 자신의 가문에 많은 권력을 주었고, 결국 살해되었습니다.

이후 알리가 칼리파로 뽑혔지만, 그는 우스만을 살해했다는 의혹을 받았습니다. 많은 반란이 일어났고, 이 과정에서 이슬람교는 더욱 심하게 분열했습니다. 알리를 받드는 사람은 **시아파**가 되었고, 쿠라이시 부족을 비롯한 기존 세력을 따르는 사람은 **수니파**가 되었지요. 시간이 흐르면서 두 종파는 추구하는 경향도 달라졌고, 서로를 미워하고 원수로 여기게 되었습니다.

시아파는 개인의 이성을 통한 깨달음을 중요하게 생각합니다. 무함마드와의 혈연을 중요하게 여기기 때문에 지역적으로는 좁게 분포합니다. 오늘날 전 세계 이슬람교도의 약 17퍼센트를 시아파로 추정하는데요. 우리에게 이슬람 국가로 잘 알려진 이란이나 이라크의 여러 국민이 시아파입니다. 레바논과 예멘에도 시아파가 꽤 많습니다.

전 세계 이슬람교도의 약 83퍼센트는 수니파입니다.

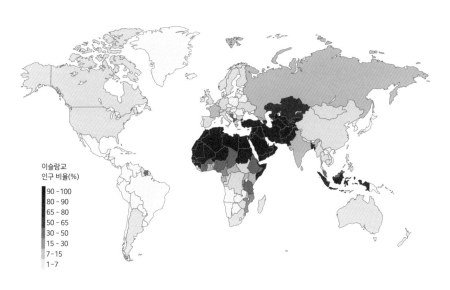

이슬람교
인구 비율(%)

90 - 100
80 - 90
65 - 80
50 - 65
30 - 50
15 - 30
7 - 15
1 - 7

전 세계 이슬람교도 분포도 (2014년 기준)

2021년 세계 인구 기준으로 약 15억 명까지 추정합니다. 수니파 대표 국가는 사우디아라비아입니다. 이슬람교의 경전은 《꾸란》입니다. 무함마드가 23년간 신에게 받은 계시를 기록한 책이지요. 이슬람교에는 《꾸란》 외에도 무함마드의 말과 행동을 기록한 《하디스》가 있습니다. 그런데 시아파와 수니파는 《하디스》를 해석하는 방식이 서로 다릅니다.

성인을 인정하는 방식에서도 시아파와 수니파는 서로 대립합니다. 시아파는 성인을 신과 인간을 연결하는 사람으로 봅니다. 그래서 성인이 기도에 많은 도움을 준다고 생각하지요. 하지만 수니파는 개인과 알라 사이에는 어떠한 형태의 우상숭배도 존재해서는 안 된다고 생각합니다. 죽은 사람의 기도는 알라에게 아무런 영향을 미치지 못한다고 본답니다.

시아파 대표 국가인 이란과 수니파 대표 국가 사우디아라비아는 종교 문제로 외교 관계를 끊기도 했습니다. 2016년 사우디아라비아에서 시아파 종교 지도자가 반정부 테러를 일으켜 처형되었기 때문입니다. 특히 사우디아라비아에서는 팔라비 왕조를 무너뜨리고 입헌군주제를 수립한 이란 혁명을 매우 부정적으로 보았지요. 2023년 중국의 중재로 관계가 나아졌지만, 언제 나빠질지 모르는 상황입니다. 평등

과 형제애를 강조했던 이슬람교의 정신을 다시 되돌아봐야

하지 않을까요.

유랑단 게시판

1. 아바스 제국에서 학문이 발전할 수 있었던 이유는
   무엇일까요?

2. 오늘날 시아파와 수니파 사이의 갈등을 해결하는
   방법은 무엇일까요?

사랑을 전파하는 기독교

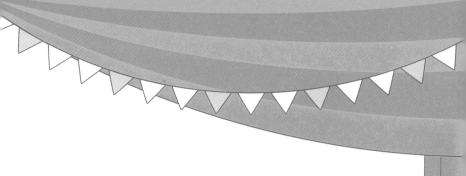

교회의 감춰진 폭력

최초의 보육원은 1419년 이탈리아 건축가인 필리포 브루넬레스키가
지었습니다. 이 시기 교회는 출산을 위한 성행위만 허용했습니다.
그렇지 않은 경우 공개적인 비난과 종교재판이 이어졌지요.
아이러니하게도 이때 보육원에는 성직자의 아이가 대부분이었답니다.
수도사를 비롯한 성직자의 성폭력으로 수녀가 원치 않는 임신을
하게 된 것입니다. 오랫동안 이 사실은 침묵 속에서 감쳐져 왔습니다.
1995년 바티칸은 결국 가톨릭 성직자의 성추행과 성폭행 사실을
공식적으로 인정했습니다.

베들레헴에서 태어난 예수

· · ·

바빌론 유수 이후에도 유대인은 팔레스타인으로 돌아가지 못하고 여러 지역을 떠돌아다녔습니다. 나라를 잃은 유대인 사이에서는 메시아에 대한 열망이 퍼져 나갔지요. 많은 유대인은 이상적인 왕이 탄생해서 유대인이 처한 어려움을 해결하고, 평화와 번영을 줄 것이라고 믿었습니다. 이들에게 가장 이상적인 왕은 바로 다윗이었어요.

다윗은 통일 이스라엘 왕국의 2대 왕입니다. 거인 전사 골리앗과의 싸움에서 영웅이 되었지만, 당시 왕이었던 사울의 질투를 피해 도망을 다녔습니다. 사울이 사망하면서 다윗은 통일 이스라엘 왕국으로 돌아와 왕이 되었습니다. 예루살렘을 종교 성지로 만들었지요. 《성경》에서도 다윗의 왕가에서 인류를 구원할 메시아가 출현할 것이라고 기록했습니다. 그래서 많은 유대인은 힘들고 고통스러운 시간 속에서도 자신들을 이끌어 줄 메시아가 나타날 것을 기대했습니다.

1세기에 오늘날 팔레스타인 베들레헴에서 **예수**가 탄생했습니다. 여러 연구에 따르면, 초기에 예수는 세례자 요한에게 영향을 받았습니다. 《성경》에서 세례자 요한은 사람들을 회개시켜 예수를 믿도록 하고, 그가 그리스도임을 증언하는 역할을 했습니다. 사람들에게 복음을 전파하다가 헤로데왕과 그의 아내 헤로디아를 비판해 감옥에 갇혔습니다. 그리고 헤로디아의 딸 살로메의 요청으로 목이 잘렸습니다.

예루살렘으로 간 예수는 12명의 제자와 헤로데의 성전에 들어갔습니다. 그런데 경건해야 할 성전에서는 환전상과 상인이 모여 시장처럼 돈이 오갔지요. 이에 놀란 예수는 이들을 꾸짖고 탐욕에 물들어 본질을 잃어버린 성전의 "돌 위에 돌 하나도 남지 않을 것"이라고 했습니다. 당시 헤로데의 성전은 벽돌마다 금박을 입혀 매우 화려하게 지었는데, 시간이 지나 금박을 벗기면서 결국 돌 위에 돌 하나도 남지 않게 되었답니다. 이 성전의 유일한 흔적은 오늘날 유대인이 눈물을 흘린다는 '통곡의 벽'입니다.

예수의 이런 행동에 유대인은 매우 불쾌했습니다. 당시 성전에서 장사하는 것은 일반적이었기 때문입니다. 특히 유대인에게 기적을 보여 줄 수 있는 사람은 메시아뿐이었는

세례자 요한의 목을 든 왕의 의붓딸 살로메

데, 예수가 메시아임을 믿지 않았지요. 오히려 예수의 행동을 성전 모독이라고 생각했습니다. 이렇게 생각한 것은 유대인뿐만이 아니었습니다. 로마 제국도 예수가 성전에 대한 권리를 주장한다고 여겼습니다. 결국 유대인의 고발과 로마 제국의 판결로 예수는 십자가형을 당했습니다.

예수의 죽음 이후 제자들은 일시적으로 복음 활동을 멈추었습니다. 그렇지만 예수의 부활을 믿은 제자들은 예수야말로 메시아라는 사실을 굳게 믿었습니다. 예수를 하느님의 아들로 인식하고, 유대교와는 구별되는 종교 공동체를 만들었습니다. 바로 기독교이지요.

박해를 거쳐
제국의 종교가 되다

• • •

기원전 27년 공화정이 폐지되고 로마 제국이 등장했습니다. 이탈리아반도의 로마를 수도로 삼고, 최대 전성기에는 페르시아와 북아프리카, 이베리아반도 그리고 오늘날 영국 지역까지 식민지로 삼았습니다. 로마 제국에서 식민지를 통치하는 원칙 가운데 가장 중요한 것은 **황제 숭배**였습니다. 로마 제국의 종교가 바로 황제 숭배였기 때문입니다.

인류 역사에서는 오랫동안 여러 지역에서 통치자를 숭배했습니다. 고대 이집트에서 파라오는 최고 통치자로서 태양신 호루스가 인간의 모습으로 나타났다고 믿었습니다. 그리스에서도 왕은 축복을 나눠 주는 힘이 있는 사람으로 숭배했습니다. 로마 제국에서는 '신의 아들'이라는 명칭으로 초대 황제 아우구스투스를 숭배하면서 신격화했습니다. 이후 로마 제국에서는 황제를 위한 신전을 짓고, 황제 숭배를 전파했습니다.

그런데 기독교인에게 황제 숭배는 매우 어려운 일이었습니다. 기독교에서는 우상숭배를 금지하기 때문입니다. 예수의 열두 제자 가운데 첫 번째 제자였던 베드로는 사람보다 하느님에게 순종해야 한다고 선언했습니다. 물론 기독교인이 로마 제국의 황제를 인정하지 않은 것은 아닙니다. 이들은 법률을 지키고, 세금을 냈습니다. 그러나 자신들이 두려워하는 것은 황제가 아니라 하느님밖에 없다고 생각한 것이죠.

기독교는 이탈리아반도뿐만 아니라 로마의 여러 식민지에서도 빠르게 확산했습니다. 당시 억압받고 착취당하던 농민이나 노예 등 사회 약자를 중심으로 퍼졌지요. 로마 제국과 기독교의 갈등은 커질 수밖에 없었습니다. 결국 로마 제국은 기독교인에게 종교를 저버리는 배교를 강요했고, 이를 거부한 기독교인을 불법 집회나 유언비어 확산죄, 반역죄 등으로 처벌하기 시작했습니다.

우리에게 폭군으로 잘 알려진 네로는 기독교를 박해한 최초의 로마 황제입니다. 64년 7월 19일, 로마에서 우연히 발생한 화재가 대규모로 번지면서 민심이 더욱 나빠지자 네로는 기독교인을 희생양으로 삼았습니다. 로마 제국의 최전성기를 이끌었던 다섯 명의 황제 가운데 한 사람이었던 마르쿠스 아우렐리우스 황제 역시 기독교를 심하게 박해했습니다. 전쟁이나 홍수, 전염병 등 재해가 일어나자 아우렐리우스는 기독교인을 잡아 고문했습니다.

기독교 박해는 콘스탄티누스 1세 때 중단되었습니다. 312년 10월 28일, 콘스탄티누스 1세와 막센티우스는 제국의 황제 자리를 두고 로마 근교의 밀비우스 다리에서 전투를 벌였습니다. 전투 전날, 콘스탄티누스 1세의 꿈에 예수가 나타나 전투에서 이긴다고 예언했고, 예수 그리스도를 의미하는 문자를 방패에 새기도록 조언했습니다. 결국 콘스탄티누스 1세는 전투에서 승리했지요. 그리고 313년 밀라노 칙령으로 기독교를 포함한 모든 종교를 허용했습니다. 이후

로마 제국의 황제 자리를 두고 벌어진 밀비우스 다리 전투

380년 테오도시오스 1세는 기독교를 로마 제국의 국교로 삼았답니다.

서로마 교회와
동로마 교회

· · ·

395년 테오도시우스 황제가 사망하자 로마 제국은 두 개의 제국으로 나뉘었습니다. 바로 **서로마 제국**과 **동로마 제국**입니다. 당시 서로마 제국은 동로마 제국보다 농업 생산량이나 교역량이 상대적으로 적었습니다. 서로마 제국에는 게르만족이 빈번하게 침입하기도 했지요. 결국 476년 서로마 제국은 멸망했습니다. 반면 동로마 제국은 1453년 오스만 제국에 의해 멸망할 때까지 거의 1,000년 이상 이어졌습니다. 기독교가 지배했던 시기 동안 가장 강력한 제국이었지요.

동로마 제국의 유스티니아누스 1세는 활발한 전쟁으로 영토를 늘렸습니다. 특히 서로마 제국의 옛 영토를 되찾으려는 전쟁을 통해 이탈리아반도와 북아프리카 일대가 동로마 제국의 영토가 되었지요. 이런 과정에서 수도 콘스탄티노폴리스는 정치와 종교의 중심으로 떠올랐습니다. 그러나

7세기 이슬람교가 등장하면서 기독교의 중심지였던 알렉산드리아와 안티오키아, 예루살렘은 이슬람의 땅이 되었습니다. 이제 남은 곳은 로마와 콘스탄티노폴리스뿐이었어요.

그러나 로마와 콘스탄티노폴리스는 다른 점이 많았습니다. 8세기 동로마 제국은 정치적으로 불안정했고, 이슬람 제국의 위협을 받고 있었어요. 많은 사람이 예수나 성자 등의 모습을 형상화한 성상이나 그림인 성화에 의존하자 이를 우상숭배로 여긴 동로마 제국 황제 레온 3세는 **성상 파괴 명령**을 내렸습니다. 1054년 동로마 제국 황제는 점점 커지는 콘스탄티노폴리스 교회를 견제해 달라고 로마 교회에 요청했습니다. 이에 화가 난 콘스탄티노폴리스 교회 주교는 로마 교회의 사절단을 파문했고, 두 교회는 사이가 더욱 나빠졌지요.

로마 교회와 콘스탄티노폴리스 교회가 갈라진 직접적인 계기는 제4차 십자군 전쟁이었습니다. 십자군 전쟁은 원래 이슬람 제국이 지배하던 예루살렘을 되찾기 위해 시작되었지만, 제4차 십자군 전쟁에서는 경제적 이득을 위해 오히려 콘스탄티노폴리스를 정복하고, 동로마 제국을 공격했습니다. 도시를 약탈하고, 수많은 문화유산을 파괴했지요. 동로마 제국은 1453년 오스만 제국에 의해 멸망했는데, 당시 사람들은 이슬람교도가 로마인보다 낫다고 할 정도였습니다. 이 사건을 계기로 로마 교회와 콘스탄티노폴리스 교회의 관계는 매우 안 좋아졌습니다. 오늘날에는 두 교회가 서로에 대한 파문을 철회하고, 어느 정도 화해한 상태입니다.

눈밭에 무릎 꿇은 황제

· · ·

프랑크 왕국의 카롤루스 대제는 기도하는 자성직자와 경작하는 자농부 그리고 싸우는 자기사를 기반으로 다스렸습니다. 그에게 기독교는 매우 중요해서 자신이 정복한 지역을 선교하고, 주교를 파견했습니다. 로마 교회에는 넓은 땅을 기증했고, 800년에 신성 로마 제국의 황제가 되었습니다. 카롤루스 대제가 죽은 후 프랑크 왕국은 동프랑크 왕국·중프랑크 왕국·서프랑크 왕국으로 나뉘었습니다. 이후 중프랑크 왕국에서 이탈리아 왕국이 분리되었지요.

　이탈리아 왕국은 교황령과 교황 때문에 신성 로마 제국의 상징이었습니다. 유럽의 많은 왕이 이탈리아 왕국의 왕위를 탐냈답니다. 962년 독일 왕국의 오토 1세가 이탈리아 왕국의 왕으로 즉위하고, 신성 로마 제국의 황제가 되었습니다. 오토 1세는 성직자에게 영토를 나누어 주고 충성을 맹

하인리히 4세가 그레고리오 7세를 찾아가 용서를 빈 '카노사의 굴욕' 사건

세하도록 했습니다. 덕분에 황제는 권력을 키울 수 있었지요. 이후 성직자 임명권을 둘러싸고 황제와 교회 사이에는 오랫동안 권력 투쟁이 일어났습니다.

11세기 초 교황 그레고리오 7세는 교황만이 주교를 임명할 수 있으며, 황제를 폐위할 자격도 있다고 주장했습니다. 당시 밀라노 주교 문제로 폭동이 자주 생기자 그레고리오 7세는 신성 로마 제국 황제 하인리히 4세에게 주교 임명에 개입하지 말 것을 당부했습니다. 그러나 하인리히 4세는 주교를 파면하고, 새로운 주교를 임명했습니다. 뒤이어 독일 남서부에 있는 보름스에서 열린 회의에서 그레고리오 7세를 파면했습니다.

그러자 그레고리오 7세는 하인리히 4세를 파문했어요. 파문이란 기독교에서 잘못을 저지른 사람을 쫓아내는 처벌을 의미합니다. 황제의 파문은 신성 로마 제국에 엄청난 충격을 주었답니다. 하인리히 4세와 갈등 관계였던 일부 영주들은 새로운 황제를 세우기로 했지요. 결국 하인리히 4세는 눈 덮인 알프스산맥을 넘어 이탈리아 북부 카노사에 머물던 그레고리오 7세를 찾아가 용서를 빌었습니다. 이 사건을 **카노사의 굴욕**이라고 부릅니다.

이후 하인리히 4세는 자신에게 반대했던 영주들과 전

기독교 성지인 예루살렘을 되찾기 위해 시작된 십자군 전쟁

쟁을 벌였고, 그레고리오 7세는 그를 다시 파문했습니다. 하지만 교황의 이런 조치에 반발한 영주들은 오히려 황제를 지지했지요. 결국 하인리히 4세는 그레고리오 7세를 파면하고 새로운 교황을 세웠습니다. 결과적으로 보면 교황이 패배한 것처럼 보입니다. 그렇지만 새로운 교황은 정식으로 인정받지 못했습니다. 성직자 임명권도 결국 교회로 반환되었습니다.

우르바노 2세는 그레고리오 7세 대신 즉위한 교황을 처단했습니다. 그리고 교황이 되었지요. 분열된 교회를 하나로 합치고, 교황의 권위를 보여 주기 위해 예루살렘을 탈환하기 위한 작전을 세웠습니다. 바로 십자군 전쟁입니다. 그렇지만 교황의 예상과 달리 예루살렘을 되찾는 데에 실패했습니다. 십자군 전쟁의 패배로 교회의 영향력은 전보다 약해졌고, 유럽 사회에는 많은 변화가 나타났습니다. 새로운 시대가 시작된 것이지요.

유랑단 게시판

1. 로마 제국에서 기독교를 인정한 이유는 무엇일까요?

2. 기독교가 유럽 사회를 지배하면서 나타났던 변화는 무엇일까요?

종교개혁과 아메리카 식민지

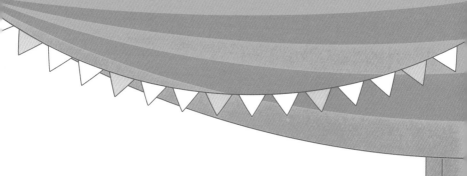

잔혹한 종교 고문

이단 심문은 로마 교황청이 정통 기독교에 반대하는 이단자를
재판하기 위해 만든 제도입니다. 1492년부터 다시 이베리아반도를
지배하면서 초기의 스페인은 국가의 통일과 안정을 위해 이슬람교와
유대교를 잔혹하게 탄압했습니다. 이를 위해 교황에게 이단을
심문할 기관을 설치해 달라고 요청했지요.
1480년부터 1530년까지 스페인 이단 심문으로 처형된 유대인은
약 2,000명입니다. 60만 명 이상의 유대인은 종교 박해를 피해
스페인을 떠나야 했습니다. 수천 명의 이슬람교도 역시 지하감옥에
갇혀 고문이나 화형을 당했습니다.

부패한 종교를 개혁한 루터

• • •

기독교에서는 자신의 죄를 회개하라고 가르칩니다. 이를 위해 고해성사가 필요하지요. 고해성사는 교회에 죄를 고백하고 용서를 받는 일입니다. 그러나 고해성사로 죄를 용서받을 수는 있지만, 죄에 따라 받아야 할 벌은 그대로 남습니다. 이 벌은 성직자가 주는 보속을 통해 사면될 수 있는데요. 보속은 죄인이 실천해야 할 보상 행위를 의미합니다. 주로 기도나 자선, 금욕 등으로 행해집니다.

그런데 죄에 대한 벌을 치르더라도 천국에 가기는 어렵습니다. 지은 죄의 규모에 비해 보속 행위가 적기 때문이지요. 그러자 시간이 흐르면서 사람들은 고해성사도 하지 않고, 점차 기독교에서 멀어졌습니다. 그러자 교회는 **면죄부**를 주기 시작했습니다. 면죄부는 주교나 성직자가 죄를 사면하는 증서를 의미합니다. 이미 고해성사를 통해 죄는 용서받았지만, 헌금이나 지원금을 내면 죄를 지어서 받아야 할 벌을 하느님 앞에서 면제받는다는 개념이었지요.

면죄부는 11세기부터 서유럽의 여러 지역에서 확산했습니다. 살아 있을 때 행실이 좋지 못해 천국에 가지 못할 사람의 가족을 위로하기 위해 지역 성직자가 면죄부를 발급했지요. 십자군 전쟁 때 교황 우르바노 2세는 참전 군인이나 전쟁 지원금을 후원한 사람들에게 교황의 권한으로 면죄부를 주었습니다. 이후 교황의 면죄부는 성격이 변질되기 시작했습니다.

16세기 초, 교황 레오 10세는 교황청을 세상에서 가장 세련된 궁전으로 짓고자 했습니다. 문화와 예술에 관심이 많은 교황은 교황청에서 연극 공연, 음악회, 시 낭독회, 미술품 전시회 등을 열고 예술가와 문학가를 모았습니다. 결국 교황청 공사비뿐만 아니라 십자군 전쟁비 등을 충당하기 위해 면죄부를 대량으로 판매했답니다.

오늘날 독일 작센에 있는 비텐베르크 대학교 신학교수 **마르틴 루터**는 면죄부를 비판했습니다. 그는 〈95개조 반박문〉에서 성직자에게 하는 고해성사는 불필요하다고 주장했습니다. 면죄부를 통한 사면은 교황이 할 수 있는 것이 아니라 오직 하느님에게만 있다고 했습니다. 진심으로 회개하는

교회의 면죄부를 비판하며 종교개혁을 이끈 마르틴 루터

사람은 면죄부에 상관없이 하느님에게 용서받을 수 있으며, 이를 위해 헌금이나 지원금은 필요 없다고 강조했지요.

1521년 교회는 루터를 파문했습니다. 그리고 보름스에서 열린 의회에서 루터를 추방했습니다. 루터는 오늘날 독일 튀링겐에 있는 바르트부르크에 머물면서 《성경》을 독일어로 번역했고, 이는 독일 전역에 빠르게 퍼졌습니다. 이후 유럽의 다른 지역에서도 부패한 교회의 개혁을 주장하는 **종교개혁**이 나타났습니다.

1618년부터 1648년까지 신성 로마 제국을 비롯해 유럽에서는 30년 동안 전쟁이 벌어졌습니다. 당시 신성 로마 제국은 통일 제국이 아니라 독일·네덜란드·이탈리아·보헤미아·스위스 등 여러 지역으로 나뉘어져 있었습니다. 황제의 권력은 매우 약했지요. 그런데 이 지역에서 종교전쟁이 발발했고, 이는 국가 간 전쟁으로 확대했습니다. 결국 1648년에 베스트팔렌 조약으로 종교의 자유가 법적으로 보장되었고, 스위스와 네덜란드가 독립했습니다. 종교 때문에 유럽의 역사가 바뀌는 순간이었습니다.

여섯 명의 왕비와
잉글랜드 국교회

• • •

인류 역사상 가장 많은 아내를 둔 왕은 누구일까요? 논쟁의 여지는 있지만, 《성경》에 따르면 통일 이스라엘 왕국의 3대 왕 솔로몬은 1,000명의 아내를 두었다고 합니다. 역사에 많은 왕이 다른 국가와 관계 유지를 위해 정략결혼을 했습니다. 남녀가 모두 한 명의 배우자만 두는 일부일처제가 일반적인 오늘날에는 이해하기 어려운 부분이기도 합니다.

16세기 초 잉글랜드 국왕이 된 **헨리 8세**는 여섯 명의 아내를 둔 것으로 유명합니다. 첫 번째 아내는 형수였던 아라곤의 카탈리나였고, 두 번째 아내는 카탈리나의 시녀였던 앤 불린이었습니다. 세 번째 아내는 앤 불린의 시녀 제인 시모어였고, 네 번째 아내는 클레페의 앤이었으며, 다섯 번째 아내는 캐서린 하워드였습니다. 그리고 마지막 아내는 캐서린 파였지요. 여섯 명의 아내 가운데 두 명은 처형했고, 두 명과는 이혼했습니다.

헨리 8세와 카탈리나 사이에는 딸인 메리 공주밖에 없었어요. 이는 잉글랜드에 큰 정치적 위기였습니다. 당시 유럽의 어떤 국가에서도 여왕이 즉위하지 않았지요. 따라서 공주가 왕위를 이으려면, 남편 후보가 매우 중요했습니다. 만약 메리 공주가 왕위를 계승하면, 잉글랜드와 사이가 좋지 않은 스페인이나 오스트리아 합스부르크 가문이 개입할 가능성이 높았습니다.

이에 헨리 8세는 교황청에 카탈리나와의 혼인 무효를 요청했습니다. 그렇지만 교황청에서는 그의 요구를 들어줄 수 없었어요. 카탈리나의 조카가 스페인 국왕이자 신성 로마 제국의 황제였기 때문이죠. 사실 헨리 8세는 교황에게 '신앙의 수호자'라는 칭호를 받을 정도로 독실한 기독교 신자였습니다.

교황청이 이혼을 반대하자 1543년 헨리 8세는 **수장법**을 선포했습니다. 이 법에서는 잉글랜드 국교회가 교황에게서 독립해 교회의 수장인 왕이 영국 교회의 모든 권한을 가지고, 교황 칙서에 대한 거부권도 행사합니다. 오랫동안 유럽 사회에서 논란의 대상이었던 성직자 서임권 역시 왕이 가지게 되었습니다. 다시 말해 지금까지 교황이 행사하던 권한이 모두 잉글랜드 국왕인 헨리 8세에게 속하게 되었지요. 또한 헨리 8세는 수도원을 통폐합하고, 수도원의 자산을 몰수했습니다.

오늘날 성공회의 시초가 된 잉글랜드 국교회는 이렇게 탄생했답니다. 사실 헨리 8세의 목적은 잉글랜드 교회를 독

립시켜 교황의 영향력에서 벗어나는 것이었습니다. 종교적
이라기보다는 정치적이었지요. 그래서 잉글랜드 국교회는
기독교와 유사합니다. 주교나 사제를 두어 성직자를 감독하
고, 교회를 관리합니다. 성모 마리아도 공경하지요. 다만 교
황이 아닌 잉글랜드 국왕이 교회의 최고 수장이라는 점이
기독교와의 차이점이랍니다.

메이플라워호를 타고 떠난 사람들

• • •

개신교는 종교개혁 이후 기독교에서 분리한 교파를 의미합
니다. 《성경》에 대한 해석이나 기독교 전통에 대한 입장이
서로 달라 루터교·장로교·감리교·침례교 등 다양한 교파로
갈라졌습니다. 청교도 역시 개신교 교파 가운데 하나였습니
다. 이들은 《성경》을 철저하게 믿고, 도덕적인 생활을 추구
했습니다. 낭비와 사치 대신 근면을 강조했어요. 한 기록에
따르면, 청교도는 흰색과 검은색 옷만 입었다고 해요.

헨리 8세는 기존의 기독교를 박해할 마음이 없었습니
다. 그래서 잉글랜드 국교회에는 기독교와 개신교가 공존했
어요. 하지만 여왕이 된 메리는 개신교를 탄압하고 기독교

로 복귀했습니다. 많은 사제를 쫓아내고, 화형에 처했습니다. 이후 여왕으로 즉위한 엘리자베스 1세는 중립적인 태도를 보였습니다. 일시적으로 잉글랜드의 종교 갈등이 사라진 듯했습니다.

그런데 제임스 1세가 즉위하면서 상황이 달라졌어요. 제임스 1세는 **왕권신수설**을 믿었습니다. 왕권신수설은 왕이 신에게서 절대 권리를 받았다고 주장합니다. 왕의 권리는 하느님의 법 아래에서만 효력이 있다고 생각했던 **청교도**는 이를 받아들일 수 없었지요. 잉글랜드에서 개혁을 기대할 수 없다고 판단한 청교도 분리주의자들은 이상적인 사회를 이루기 위해 새로운 지역으로 떠났습니다.

메이플라워호는 프랑스·독일·스페인 등 유럽의 여러 나라와 잉글랜드 사이에 화물을 운반하는 선박이었습니다. 1620년 9월 16일, 102명이 잉글랜드 남서부에 있는 플리머스에서 메이플라워호를 타고 북아메리카로 떠났습니다. 이들 대부분은 가난을 피해 새로운 기회를 얻기 위해 떠나는 사람이었고, 35명은 청교도였어요.

이들은 항해하면서 '메이플라워 서약'을 체결했습니다. 아메리카에 자치 공동체를 만들어 평등한 법에 따라 질서를 유지한다는 내용이었습니다. 여러 사람의 자유 의지로 정부

메이플라워호 서약

최초의 추수감사절

설립을 결정한 것이었지요. 그래서 오늘날 메이플라워 서약을 민주주의 정치의 기초라고 본답니다.

이들은 오늘날 매사추세츠주 플리머스에 도착해 식민지를 건설했습니다. 그렇지만 첫해 겨울에 102명 가운데 절반 이상이 사망했습니다. 나머지 사람은 주변에 거주하던 아메리카 원주민 왐파노아그 부족의 도움으로 살아남을 수 있었습니다. 1621년 10월 살아남은 사람들과 아메리카 원주민은 3일 동안 축제를 벌였습니다. 그리고 1623년부터 플리머스 식민지에서는 추수감사절을 공식적인 명절로 정했습니다. 이후 여러 지역으로 퍼지며 오늘날 미국에서 가장 큰 명절이 되었지요.

엄격한 청교도의 마녀사냥

• • •

북아메리카의 잉글랜드 식민지는 청교도가 지배하는 사회였습니다. 종교는 다른 어떤 것보다 강력한 권력이 있었지요. 그런데 17세기 말, 매사추세츠주 세일럼 빌리지에서 끔찍한 사건이 발생했습니다. 이 지역에 새로 부임한 목사의 딸과 조카가 이상한 행동과 발작을 보였습니다. 다른 소녀들도 비슷한 증상을 보였어요. 의사는 마녀 때문이라고 진단했습니다.

마을 사람들은 마녀의 정체를 밝히기 위해 두 소녀를 추궁했습니다. 소녀들은 목사관 하녀를 마녀라고 지목했어요. 하녀가 소녀들에게 아프리카의 민간신앙인 애니미즘에 대해 이야기한 적이 있었기 때문입니다. 이 민간신앙에서는 영혼을 숭배하고, 주술이나 의식을 행했어요. 몽환 상태에 빠지는 사람도 있었습니다. 그래서 많은 사람은 공포감을 느꼈지요.

결국 하녀는 자신이 소녀들을 저주했다고 인정했습니다. 이후 마녀로 지목되는 소녀와 여성이 계속 생겨났습니다. 그렇게 세일럼 빌리지에서는 마녀재판이 시작되었습니다. 한 달이 되지 않아 다섯 명을 사형에 처해졌지요. 집단 히스테리는 계속 늘었습니다. 그해 가을에 사형된 사람은 20명 이상이었고, 감옥에 갇힌 사람은 100명이 넘었습니다.

집단 히스테리는 세일럼 빌리지를 넘어 다른 지역으로까지 퍼졌습니다. 결국 식민지 총독은 마녀재판을 중단했고, 투옥된 사람을 모두 풀려났습니다. 많은 학자는 엄격한 청교도가 혼란스러운 사회를 통제하기 위해 마녀재판을 벌였다고 생각합니다. 종교로 인해 발생한 끔찍한 사건이었지요.

이성과 과학의 시대

• • •

17세기 유럽에서는 **과학혁명**이 일어났습니다. 당시 많은 사람은 지구중심설을 믿었습니다. 2세기에 그리스 천문학자 클라우디오스 프톨레마이오스는 지구가 우주의 중심이고, 태양을 비롯한 모든 천체가 하루 동안 지구 주위를 공전한다고 주장했습니다. 이 주장은 17세기까지 기독교 사회에서 인정받은 세계관이었지요. 그런데 폴란드의 천문학자 니콜라우스 코페르니쿠스는 프톨레마이오스의 가설이 잘 맞지 않는다는 사실을 발견했습니다. 그는 태양이 우주의 중심이라는 새로운 모델을 제시했지요. 그야말로 천문학의 혁명이었습니다.

우리에게도 잘 알려진 잉글랜드의 물리학자 아이작 뉴턴은 운동의 세 가지 법칙을 설명하는 책을 출간했습니다. 그리고 우주의 모든 사물 사이에 서로 끌어당기는 힘이 존재한다는 것을 밝혔지요. 뉴턴 이후 고전 역학에서도 혁명이 일어났습니다.

과학혁명은 지식을 얻는 방법의 혁신을 불러왔습니다. 실험을 통해 자료를 모으고 분류하는 방법이 나타났고, 가설을 세우고 입증하는 방법도 등장했습니다. 과학자들은 서로 모여 자신의 연구 내용을 교환하고, 토론하며, 객관성을 입증했습니다. 논문을 발표하고, 학술지를 출간했지요. 이들을 위한 아카데미도 만들어졌습니다.

　과학의 발전과 함께 종교에 대한 인식 역시 변화했습니다. 이전까지 종교는 초월적인 존재에 대한 존경과 이를 실천하기 위한 인간의 경건한 삶을 의미했습니다. 그러나 종교개혁 이후 개신교의 여러 종파가 생겨나면서 무엇을 믿는지에 대한 논쟁이 벌어졌습니다. 이와 함께 종파의 교리를 중요하게 생각했습니다. 이성의 관점에서 종교를 바라보기 시작한 것이지요.

　이신론은 인간의 이성과 경험을 바탕으로 종교를 이해합니다. 신의 존재를 부정하는 것은 아닙니다. 기독교나 개신교처럼 세상을 창조한 신의 존재는 믿지만 신의 예언이나 기적은 과학을 기반으로 하는 자연의 법칙에 어긋난다고 생각합니다. 간단하게 말하자면, 신의 존재는 믿지만 종교는 멀리하는 입장이라고 할 수 있습니다.

창조론 vs 진화론

• • •

기독교에서는 《성경》의 〈창세기〉 1장에서 천지창조의 이야기를 다루고 있습니다. 하느님이 1일째에는 빛이 있으라 하여 빛을 만들고, 2일째에는 하늘과 바다를 만들었으며, 3일째에는 땅과 식물을 만들었습니다. 그리고 4일째에는 태양·달·별을 만들었고, 5일째에는 물고기와 새를 만들었으며, 마지막으로 6일째에는 다른 동물과 인류를 만들었습니다. 그리고 7일째에는 이를 축복하고 휴식하는 날로 정했지요. 바로 **창조론**입니다.

그러나 **진화론**의 등장으로 인류의 진화를 과학적인 방식으로 설명하기 시작하면서 창조론과 진화론 사이의 갈등이 점점 깊어졌습니다. 결국 20세기 초, 미국에서는 매우 흥미로운 사건이 일어났습니다.

미국 남부에 있는 테네시주는 보수적인 개신교가 지배하고 있었어요. 그래서 공립학교에서는 진화론 교육을 금지하는 '버틀러법'을 제정했답니다. 그런데 존 스콥스라는 생물 교사가 법을 어기고 진화론을 가르쳤습니다. 이 일로 재판이 열렸고, 나아가 창조론과 진화론의 논쟁으로 이어졌지요. 미국 전역의 수많은 사람이 재판에 관심을 가졌습니다.

당시 원고 측 변호사는 매우 유명한 사람이었습니다. 전직 국무부 장관이었고 대통령 선거에도 출마했던 윌리엄 제닝스 브라이언이었지요. 스콥스의 변호사는 놀랍게도 브라이언을 증인으로 신청했습니다. 그리고 그에게 여러 가지를 질문했어요.

브라이언은 《성경》의 내용을 100퍼센터 그대로 믿는다고 대답했습니다. 하지만 《성경》에서 에덴의 뱀이 하와에게 선악과를 따 먹도록 유혹한 죄로 벌을 받아 배로 기어다닌다고 나오는데, 이전에는 어떻게 기어다녔는지 물어보는 질문에 대답하지 못했지요. 브라이언은 변호사의 질문이 《성경》을 비방하는 것이라고 화를 냈답니다.

결국 스콥스는 유죄 판결을 받았어요. 그에게는 100달러의 벌금형이 내려졌습니다. 피고 측은 재심을 요청했지만 기각되었고, 테네시주에서는 1967년까지 진화론 교육이 금지되었습니다. 사실 미국에 있는 많은 학교의 상황은 비슷했어요. 기도나 《성경》 공부를 하게 하는 학교가 많았지요.

1963년에 미국 연방대법원 판사 휴고 블랙은 학교에서의 기도나 《성경》 공부가 수정조항 제1조을 위배한다고 판결했습니다. 수정조항 제1조에서는 "연방의회가 국교를 정하거나 자유로운 신앙 행위를 금지하는 법률을 제정할 수 없다"고 선언하고 있습니다. 그리고 당시 대통령이었던 존 F. 케네디 역시 휴고 판사의 판결을 지지했지요. 이제 미국의 여러 학교에서는 진화론을 가르칠 수 있게 되었답니다.

많은 사람이 기독교에서는 진화론을 수용하지 않는다고 믿습니다. 그렇지만 기독교는 진화론을 과학 이론으로 받아들이고 있습니다. 260대 교황 비오 12세는 진화론이 인간의 육체가 살아 있는 어떤 것에서 기원한다는 것을 알려 주고, 신앙은 영혼이 하느님에 의해 창조되었다는 사실을 알려 준다고 했습니다. 바티칸 공의회에서도 진화론을 비롯한 현대 과학의 연구 성과를 인정하는 교회의 태도를 보여 주었지요.

유랑단 게시판

1. 종교개혁으로 유럽에서 생겨난 변화는 무엇일까요?

2. 기독교와 진화론이 공존할 수 있는 방법은 무엇일까요?

자비를 베푸는 불교

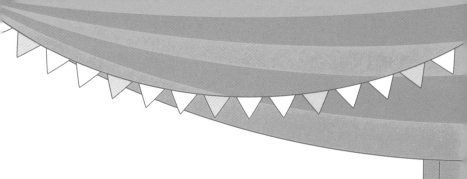

우리나라 불교계의 파벌

우리나라 불교의 대표 종파인 조계종은 내부적으로 여러 문제가 있습니다. 가장 대표적인 문제는 불투명한 재정입니다. 문화재청에서 여러 사찰에 문화재 보수와 정비 비용을 지급하는데 사찰은 공정한 감사를 받지 않습니다. 그 때문에 신도들이 재물을 상납받는 경우도 비일비재합니다. 이렇게 축적한 부를 과시하는 승려가 있는 반면 최소한의 생계조차 유지하지 못하는 승려도 많습니다. 불교계의 양극화가 더욱 심해지고 있지요.

보리수 아래에서 얻은 깨달음

• • •

산스크리트어로 **붓다**는 깨달은 자를 의미합니다. 불교에서
도 깨달은 자를 붓다라고 부르는데, 여러 붓다가 존재합니
다. 본초불은 스스로 태어나 우주를 창조했고, 비로자나불은
빛을 비추는 존재입니다. 병으로 고통받는 중생을 치료하
는 약사여래와 중생을 극락에서 다시 태어나게 하는 아미타
불도 있습니다. 혼란스러운 세상을 구할 구세주인 미륵불도
있답니다.

그중 가장 유명한 붓다는 **석가모니**입니다. 불교의 창시
자로 알려졌지요. 기원전 6세기 무렵 오늘날 네팔 남부와 인
도 히말라야 근처의 샤카 공화국에서 왕자가 태어났습니다.
어느 날 성 밖으로 나간 왕자는 일하는 농부와 병든 노인을
보고 삶의 고통과 인생의 무상함을 느꼈습니다. 결혼도 축
제도 그의 고민을 해결하는 데 도움이 되지 못했습니다. 결

국 그는 세상의 괴로움을 해결할 수 있는 진리를 찾아 집을 떠났습니다.

왕자는 브라만 수행자의 가르침으로 단식과 고행을 했지만 진리를 얻을 수 없었습니다. 그래서 남쪽의 마가다 왕국으로 갔습니다. 당시 왕국의 수도는 정치와 경제의 중심지였고, 많은 수도자가 모였지요. 여기에서 왕자는 다양한 고행을 했지만, 정신적 깨달음을 얻지 못했습니다. 그는 오늘날 인도 비하르주에 있는 부다가야의 보리수 아래에서 수행을 계속했습니다. 그리고 마침내 열반의 세계를 체험했습니다. 열반은 탐욕이나 분노, 무지 등 마음의 시달림에서 벗어나 깨우침의 지혜를 완성하고, 편안한 정신에 이른 상태를 의미한답니다.

불교는 석가모니의 가르침을 따르는 종교입니다. 불교에서 특히 강조하는 것은 사람 간 차별과 차등이 없다는 것이지요. 그래서 누구나 깨달은 자인 붓다가 될 수 있다고 설명합니다. 석가모니와 불교가 탄생하기 전부터 붓다가 존재하는 이유입니다.

당시 인도에서는 대부분의 사람이 힌두교를 믿고 있었습니다. 힌두교에서는 영원한 영혼인 아트만이 사후에도 존재한다고 믿었어요. 그래서 말이나 행동, 생각 등으로 인한

업보인 카르마에 따라 다시 태어나는, 다시 말해 **윤회**를 한다고 주장했습니다. 그런데 불교에서는 아트만에 반대했어요. 아트만이 없는 것을 '무아無我'라고 합니다. 다시 말해, 내것은 없다는 것입니다. 내 마음대로 하길 원하지만, 현실은 내 마음대로 할 수 없는 것이 대부분입니다. 죽으면 더 그렇지요.

무아에서는 내 것 또는 타인의 것이라는 생각을 하지 않으면 슬퍼하지 않아도 된다고 가르칩니다. 나라는 존재에 집착할 필요가 없어지지요. 윤회하는 영혼을 믿지 않기 때문에 현실이 더욱 중요해집니다. 그래서 불교는 힌두교의 카스트에 반대해 현실의 계급에 상관없이 수행하면 낮은 계급이나 여성도 끊임없는 삶의 굴레에서 벗어날 수 있다고 강조합니다. 불교는 인도 북부를 중심으로 여러 지역으로 퍼졌습니다. 그리고 오늘날까지 영향을 미치고 있지요.

수레바퀴를 굴리는 왕

• • •

기원전 322년 인도 아대륙에는 최초의 통일 제국이 등장했습니다. 바로 마우리아 제국입니다. 마우리아 제국을 세운

자비를 베푸는 불교

찬드라굽타 마우리아는 알렉산드로스 대왕이 인도를 침공했을 때 그를 만난 적이 있었습니다. 어느 기록에 따르면, 알렉산드로스 대왕의 활발한 영토 정복에 자극받았다고 합니다. 찬드라굽타 마우리아는 알렉산드로스 대왕처럼 수많은 군대를 이끌고 여러 지역을 정복했습니다. 그래서 마우리아 제국은 북인도 지역을 비롯해 인도 아대륙 대부분을 통치했습니다.

아소카는 마우리아 제국의 3대 황제였습니다. 인도에서는 아소카를 **전륜성왕**이라고 부릅니다. 전륜성왕은 '수레바퀴를 굴리는 왕'을 뜻합니다. 수레바퀴는 바퀴살이 일정한 간격을 유지하고 있습니다. 그러면서도 잘 짜여 있어서 어디든 거침없이 굴러가지요. 수레바퀴가 아무런 저항을 받지 않고 잘 굴러가는 것은 왕의 권력이 넓은 지역까지 미치는 것을 의미합니다. 그래서 인도인은 전륜성왕을 세계의 지배자라고 생각했습니다.

전륜성왕의 중요한 특징은 무력에만 의존하지 않고 법과 권위에 따라 세상을 지배한다는 것입니다. 이상적인 도덕과 진리로 세상을 다스림으로써 사람들에게 번영과 평화를 주지요. 전륜성왕을 상징하는 수레바퀴는 법을 어기는 사람을 쫓아가 법을 지키게 합니다. 불교에서는 석가모니를

전차를 탄 아소카 왕의 모습을 새긴 조각

전륜성왕으로 묘사합니다. 그래서 전륜성왕이 통치하는 국가에서 정신적·물질적 욕구가 충족되면 왕은 붓다와 같은 존재로 인정받았습니다.

사실 아소카가 처음부터 법과 권위로 제국을 통치한 것은 아니었습니다. 초기에 그의 별명은 '슬픔을 모르는 자'였습니다. 왕이 되자마자 형제를 죽였고, 인도 아대륙을 통일하기 위해 10년 이상 전쟁을 벌였습니다. 당시 칼링가 왕국은 강한 해군을 동원해서 마우리아 제국의 해상 무역로를 차단했습니다. 한 기록에 따르면, 칼링가 왕국 정복 전쟁으로 10만 명이 사망하고 15만 명이 포로가 되었습니다. 수많은 고아가 생겼지요. 이 모습을 본 아소카는 전쟁에 의심이 생겼습니다. 그리고 영토 확장 전쟁을 중단했어요.

이후 아소카는 불교를 믿기 시작했습니다. 무력이 아닌 종교를 기반으로 통치하기로 한 것이죠. 아소카는 마우리아 제국 전역에 정신병원과 고아원, 양로원 등을 짓고, 무료로 환자를 치료했습니다. 가난한 사람을 위해 곡식을 싼 이자로 빌려주기도 했습니다. 물이 부족한 마을에는 우물을 만드는 등 공공사업을 시행했습니다.

아소카의 이런 노력은 '아소카 칙령'에 잘 나타납니다. 아소카 칙령은 기원전 269년부터 231년 사이에 세운 것으로 추정되는 33개의 비문 모음집입니다. 오늘날 인도뿐만 아니라 방글라데시·네팔·파키스탄 등 여러 지역에 흩어져 있습니다. 불교와 석가모니를 언급하고 있으며, 사회와 도덕규범을 설명하고 있어요. 이 칙령은 왕의 후원으로 불교가 확산한 것을 입증하는 증거랍니다.

아소카는 인도 외 다른 지역에 불교를 퍼트리는 데 많은 관심을 가졌습니다. 아들을 스리랑카 사신으로 보내 불교를 전파했고, 동남아시아의 여러 지역에 선교사를 파견해서 석가모니의 가르침을 알렸습니다. 또한 불교가 아닌 다른 종교에도 관용을 베풀어 브라만교나 영혼의 해탈을 목표로 삼는 자이나교 등도 허용했어요. 그야말로 전륜성왕이었지요.

불교, 실크로드를 타다

· · ·

고대에 아시아와 유럽, 아프리카를 연결했던 글로벌 네트워크는 **실크로드**였습니다. 독일 지리학자 페르디난트 폰 리히트호펜은 중국에서부터 중앙아시아, 인도, 로마 제국까지 연결되는 교역로의 주요 상품이 비단이었음을 밝혔습니다. 이후 이 교역로는 실크로드, 다시 말해 비단길초원길·사막길·바닷길로 불렸습니다.

흔히 실크로드는 2세기쯤 중국 한나라 무제의 지시에 따라 만들어진 길로 알려져 있습니다. 하지만 이미 오래전부터 여러 지역에서는 다양한 교역로를 통해 많은 상품이 교역되고 있었지요.

초원길은 실크로드 가운데 가장 먼저 생겨난 교역로였습니다. 오늘날 흑해와 카스피해 근처에 살던 스키타이인이 개척했는데, 흉노 세력이 커지면서 이들이 지배했습니다. 사막길은 가장 많이 이용했던 교역로입니다. 바닷길은 홍해에서 페르시아만을 거쳐 인도로 가는 교역로입니다. 이 길을 따라 중국의 도자기나 동남아시아의 향신료가 교역되었습니다.

실크로드를 따라 전파된 것은 상품만이 아니었습니다. 지식과 정보, 사상이 함께 건너갔습니다. 그리고 치명적인 유행성 전염병도 이동했지요. 540년 동로마 제국에서 발생한 역병은 당시 황제였던 유스티니아누스 1세의 이름을 따서 '유스티니아누스 역병'이라고 부릅니다. 오늘날에는 흑사병으로 알려져 있지요. 이 전염병은 아프리카 북부의 펠루시움에서 생겨 로마 제국까지 퍼졌는데, 당시 바닷길을 통해 옮겨졌습니다.

오늘날 흑사병으로 알려진 유스타니아누스 역병

실크로드를 통해 종교도 전파되었습니다. 인도에서 시작된 불교는 실크로드를 따라 서역을 거쳐 중국으로 건너갔습니다. 실크로드 가운데 중국 장안에서 둔황을 거쳐 천산산맥을 지나 파미르고원을 통과하는 천산로는 북쪽 길과 남쪽 길로 나뉩니다. 오늘날 중국 서부 신장 위구르 자치구에는 쿠차 왕국이 존재했습니다. 인도에서 중국으로 연결되는 교역로에 있어서 이 지역에 불교가 전파되는 것은 당연했지요.

중국에 불교가 전해진 것은 1세기 무렵으로 추정되지만, 후한이 멸망한 이후 분열과 반란이 빈번했던 위진남북조 시대에 번성하기 시작했습니다. 중국에서는 불교를 오래 살거나 죽지 않도록 하는 불로장생의 종교로 받아들였습니다. 그래서 불교가 퍼지는 데 오랜 시간이 걸렸지요.

하지만 불경의 번역과 정리 등을 통해 중국에서 불교는 매우 빠르게 확산했습니다. 우리나라는 삼국시대에 중국을 거쳐 불교를 수용했고, 고려시대까지 불교를 적극적으로 숭상했지요. 조선시대에 유교를 받들고 불교를 억압하면서 쇠퇴했다가 오늘날 다시 확산하고 있습니다.

불교는 바닷길을 통해서도 동남아시아의 여러 지역으로 나아갔습니다. 중국에서 인도까지 바닷길이 존재했고, 이를 통해 인도의 불교는 미얀마·라오스·말레이시아 등 여러 국가에 알려졌습니다. 한 기록에 따르면, 법현이라는 스님은 스리랑카에서 수마트라로 되돌아갈 때 태풍을 만나 어려움을 겪었습니다. 불교가 바닷길을 통해 전파되었다는 것을 잘 보여 주는 증거이지요.

티베트 불교의 정신적 지주, 달라이 라마

· · ·

중앙아시아의 티베트고원에 있는 티베트는 인도 북부나 중앙아시아와 지리적으로 가까워서 일찍부터 불교를 받아들였습니다. 티베트 전설에 따르면, 5세기쯤 티베트를 다스리던 왕이 금으로 만든 탑을 선물 받고, 이를 왕궁에 모셔 공양을 올렸습니다. 8세기에는 불교를 국가의 종교로 정했습니다.

불교는 크게 **부파불교**와 **대승불교**로 구분합니다. 과거에 부파불교는 소승불교라 불리기도 했습니다. 주로 개인의 해탈에 집중하기 때문인데요. 1950년에 열린 의회에서 이런 명칭은 올바르지 않다고 여겨 이제는 부파불교로 부릅니다. 대승불교는 자신뿐만 아니라 중생의 구제를 목적으로 삼고 있습니다.

어느 학자에 따르면, **티베트 불교**는 대승불교로 볼 수 있지만, 아시아의 대승불교와는 다른 점이 많습니다. 그래서 일부 학자는 티베트 불교를 '밀교'라고 부르기도 합니다. 실제로 티베트 불교 대장경에는 밀교에 대한 수많은 경전이 존재합니다.

티베트 밀교를 '금강승'이라고 하는데요. 중생을 교화하는 방법과 지혜를 구분하지 않고 일치시켜 금강석처럼 단단하게 만들기 때문에 금강승이라고 부릅니다. 티베트 불교는 '밀승'이라고 부르기도 합니다. 가르침과 수행을 비밀로 해야 하고, 자랑하지 않아 오만에 빠지는 것을 경계하기 위함입니다.

티베트 불교의 목적은 성불입니다. 성불은 깨달음을 통해 번뇌에서 벗어나 붓다가 되는 것을 의미하지요. 수행은 보리심을 위한 것입니다. 보리심은 불교의 깨달음을 얻고, 이를 통해 중생을 교화하려는 마음을 의미합니다. 보리심이 마음속에 있어야 티베트 불교에 입문할 수 있습니다. 그리고 스승에 대한 믿음과 지도를 기반으로 의식과 명상을 통해 번뇌에서 벗어날 수 있다고 믿습니다.

티베트 불교의 최고 수장은 **달라이 라마**입니다. 달라이 라마는 불교 지도자인 동시에 정치 지도자입니다. 윤회설을

티베트 불교의 최고 수장인 14대 달라이 라마

믿는 티베트에서는 달라이 라마가 사망하면 다른 아이의 몸으로 환생, 그러니까 다시 태어난다고 믿습니다. 그래서 환생했다고 판명된 아이는 바로 후대 달라이 라마로 뽑히지요. 달라이 라마는 티베트인의 정신적 지도자로서 절대적인 존경을 받고 있습니다. 14대 달라이 라마 텐진 갸초는 티베트 불교로서 비폭력과 평등, 평화를 설파해 1989년 노벨 평화상을 받았습니다. 인류의 공존과 세계의 평화를 위한 종교적 노력이지요.

유랑단 게시판

1. 인도는 불교가 발생한 지역이지만 불교 신자가 적은 이유는 무엇일까요?

2. 불교의 윤회사상이 다른 종교와 구별되는 점은 무엇일까요?

올림포스 12신에서 무신론까지

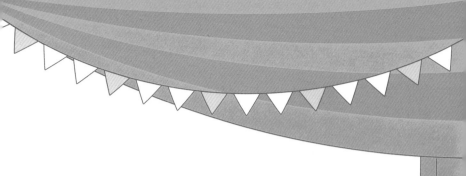

비밀 종교 프리메이슨

인류 역사에서 밀교, 다시 말해 비밀 종교로 가장 유명한 것은
프리메이슨입니다. 석공 길드라는 석조 건물을 짓는 건축설계사
조직에서 유래한 것으로 알려졌는데, 17세기에는 노동자 비밀 단체로
발전했고, 이후 비밀결사 단체가 되었습니다. 가입하는 절차나 과정을
비밀로 유지했기 때문입니다. 이들은 시민의 권리나 노동 윤리 등을
강조했기 때문에 18세기 교회와 국가는 프리메이슨을
심하게 탄압했어요. 이는 오늘날까지 이어져 교황청에서는
프리메이슨 가입을 파문 사유로 규정하고 있답니다.

인간과 닮은 열두 명의 신

• • •

그리스 중부에 있는 테살리아주에는 그리스에서 가장 높은 산이 있습니다. 바로 올림포스산입니다. 높이가 약 3,000미터 정도이고, 2,000미터가 넘는 봉우리가 열 개 이상 있습니다. 소나무나 너도밤나무를 비롯한 다양한 동식물 1,700종 이상이 서식하고 있기에 그리스 최초의 국립공원으로 지정되었고, 유네스코 생물권 보전 지역이기도 하답니다.

그리스 신화에 나오는 12신이 바로 이곳의 신궁에서 살고 있습니다. 기원전 4000년 전 수메르인의 기록에 따르면, 하늘에서 태양이 지나가는 길에 나타나는 12개의 별자리가 등장합니다. 대표적인 별자리로는 황소자리·전갈자리·궁수자리 등이 있습니다. 12개의 별자리는 이후 이집트나 그리스 등으로 전파되었는데요. 그리스에서는 별자리에 따라 신을 정했습니다. 이들이 바로 **올림포스 12신**입니다.

올림포스 12신 가운데 제우스는 하늘의 신 우라노스의 손자이자 농경의 신 크로노스의 아들입니다. 크로노스는 얼굴 한가운데 커다란 눈이 박혀 있는 외눈박이 형제 퀴클롭스를 가둔 아버지를 몰아내고 왕위에 올랐지만, 형제를 구하지 않았습니다. 그래서 자신의 아이들에게 내몰릴 것이라는 저주를 받았지요. 이에 크로노스는 아이가 태어나는 대로 잡아먹었지만, 막내 제우스는 잡아먹지 못했습니다. 그 후 제우스는 자신의 형제들을 구하고 아버지 크로노스를 몰아냅니다.

그리스 철학자는 자신의 저서에서 사람들이 "제우스를 신들 가운데 가장 훌륭하고 정의롭다고 믿는다"고 서술했습니다. 신들의 왕이자 존재하는 모든 것의 지배자로서 제우스의 위상을 가장 잘 보여 주는 말입니다. 올림포스의 모든 신이 지닌 힘을 합친 것보다 강한 힘이 있으며, 신의 세계와 인간 세계에서 생겨나는 모든 문제를 판결합니다. 하늘의 힘을 상징하는 번개 아스트라페를 지니고 있지요.

헤라는 제우스의 아내로서 가정과 결혼을 보호하는 여신입니다. 그리스를 비롯한 유럽에서는 6월의 신부가 헤라의 축복을 받아 행복해질 수 있다는 이야기가 전해옵니다. 포세이돈은 제우스가 세상을 세 개로 나눌 때 제비뽑기로 바다의 신이 되었답니다. 삼지창인 트리아이나를 들고 다니

딸 페르세포네를 애도하는 농경의 여신 데메테르

는 것으로 유명하지요.

데메테르는 대지와 농경의 여신이고, 하데스는 지하 세계를 다스립니다. 하데스가 데메테르의 딸 페르세포네를 납치해서 지하 세계로 데려가 버리자, 데메테르는 곡물이 열매를 맺는 일을 멈춥니다. 지상이 황폐해지자 하데스는 결국 페르세포네를 돌려보낼 수밖에 없었답니다. 다만 지하 세계에 머물면서 페르세포네가 지하 세계의 석류를 몇 알 먹었기 때문에 일 년 중 일부를 지하 세계에서 보내면서 하데스의 아내가 되어야만 했습니다.

제우스의 머리에서 태어난 아테네는 지혜의 여신으로서 아테네를 상징하는 동물은 뱀과 올빼미입니다. 태어날 때부터 투구와 갑옷, 방패와 창을 들고 있었다고 해요. 정의를 수호하고, 관용을 베푸는 여신입니다. 아폴론은 태양과 예술 그리고 의술의 신입니다. 그와 쌍둥이인 아르테미스는 달의 여신이지요. 아레스는 폭력과 전쟁의 신이고, 아프로디테는 아름다움과 사랑의 여신입니다. 바다의 물거품에서 태어났다는 전설 때문에 배를 수호하는 여신이기도 합니다.

올림포스 12신은 단순히 불멸의 존재가 아닙니다. 인간처럼 이성이나 욕망 등 다양한 감정이 있고, 갈등을 일으키거나 협력하기도 합니다. 어떻게 보면 인간의 모습과 크게 다르지 않지요. 사람들은 단순한 종교적 숭배를 넘어 올림포스 12신을 통해 인간의 가치와 의미를 찾으려 했던 것은 아닐까요.

영원과 불멸의 상징, 엘레우시스 밀교

· · ·

좁은 의미에서 **밀교**는 1세기 중반 인도에서 등장한 철학을 의미합니다. 우주의 여성적 창조력을 의미하는 여신을 숭배하거나 힌두교 3대 신 가운데 하나인 비슈누를 믿는 형태로 발전했습니다. 금욕을 강조하는 《베다》와 달리 감각적인 욕망을 인정했고, 명상을 선호했지요.

넓은 의미에서 밀교는 폐쇄적으로 전해지는 신비주의 종교를 의미합니다. 종교를 믿는 사람 또는 이를 전파하는 사람에게만 가르침을 알려 주기 때문이지요.

고대 그리스에서도 밀교가 유행했답니다. 아테네에서 북서쪽으로 20킬로미터 정도 떨어진 엘레우시스는 유명한 밀교 중심지였답니다. 엘레우시스에서는 매년 또는 5년마다 신비로운 제사 의식을 지내거나 전수 의식을 치르곤 했습니다. 전수 의식은 오랫동안 비밀로 지켜졌습니다. 비밀을 지키는 대가는 사후세계에서 받게 될 것이라고 믿었습니다.

엘레우시스 밀교는 올림포스 신 가운데 데메테르와 페르세포네를 숭배합니다. 지하 세계의 왕 하데스가 데메테르의 딸 페르세포네를 납치하는 신화를 기반으로 삼고 있답니다. 그래서 종교의 과정을 크게 세 단계로 구분합니다. 바로 상실과 탐색 그리고 승천입니다.

상실은 데메테르가 페르세포네를 잃는 것이고, 탐색은 그녀를 찾는 것이며, 승천은 모녀가 만나는 것이지요. 이 과정에서 가장 중요한 단계는 바로 승천입니다. 데메테르와 페르세포네가 만나 재결합함으로써 영원과 안식을 얻는다고 믿었습니다.

많은 학자에 따르면, 엘레우시스 밀교는 미케네 문명에서 유래했습니다. 미케네 문명은 그리스 남부 펠로폰네소스 반도의 미케네에서 나온 문화입니다. 기원전 1600년 전부터 1100년 전까지 존재했습니다. 인구 감소와 이민족의 침입 등으로 멸망했지요. 미케네에서는 구원을 통해 영원과 불멸을 얻기 위해 엘레우시스 밀교가 등장한 것으로 보입니다.

엘레우시스 밀교는 이 지역에만 영향을 미친 것이 아닙니다. 고대 그리스의 여러 지역에서 엘레우시스 밀교 의식

지하 세계에서 지상으로 돌아오는 페르세포네

에 참여하기 위해 많은 순례자가 찾아왔습니다. 한 기록에 따르면, 기원전 300년 전부터는 아테네에서 엘레우시스 밀교를 주관했습니다. 도시국가가 개입하면서 엘레우시스 밀교를 믿는 사람의 수가 늘어났지요. 특히 엘레우시스 밀교는 남성과 여성을 차별하지 않았고, 노예도 믿을 수 있었기 때문에 빠르게 퍼졌습니다.

많은 학자는 엘레우시스 밀교가 영향력을 미칠 수 있었던 이유가 '포션' 때문이라고 생각합니다. 포션은 마실 수 있는 약물을 의미합니다. 마술사나 주술사, 마녀 등이 만들어서 마법과 같은 효과가 있다고 믿지요. 엘레우시스 밀교에서는 데메테르가 페르세포네를 찾는 동안 단식한 것을 기념해 하루 동안 음식을 먹지 않는데, 이때 보리 등을 넣은 특수한 음료를 마십니다. 이 음료가 환각제 역할을 하면서 신비로운 힘을 가지게 되었다고 믿습니다.

엘레우시스 밀교 의식이나 가르침의 내용이 문서로 남은 것은 거의 없습니다. 엘레우시스 밀교에 대한 많은 설명은 밀교를 믿는 사람들 사이에서 전해 내려온 것이 대부분입니다. 엘레우시스 밀교를 믿는 사람들 사이에서는 신성한 상자 이야기가 전해지는데, 이 상자에 무엇이 담겨 있는지 정확하게 아는 사람은 많지 않았습니다. 이야기에 따르면 황금색을 띤 신비한 뱀과 알, 그리고 데메테르에게 바치는 곡식의 씨앗이 들어 있었다고 합니다.

그리스의 몰락 이후에도 엘레우시스 밀교는 상당한 영향력을 미쳤습니다. 고대 로마 정치가이자 철학자 키케로는 엘레우시스 밀교 덕분에 로마인이 야만적이고 미개한 삶에서 벗어나 문명에 이를 수 있었다고 말했습니다. 하지만 로마 제국에서 기독교가 널리 퍼지면서 엘레우시스 밀교는 점차 힘이 약해지기 시작했습니다. 결국 392년 테오도시우스 1세는 엘레우시스 밀교의 신전을 폐쇄했고, 3,000년 이상 비밀스럽게 지켜진 종교는 사라져 버렸습니다.

광기와 열정의 디오니소스교

• • •

올림포스 12신 가운데 유일하게 인간 부모를 둔 신이 있습니다. 바로 술을 사랑하는 디오니소스입니다. 아버지는 제우스, 어머니는 도시국가 테베의 공주 세멜레였습니다. 그리스 신화에 따르면, 헤라는 제우스의 아이를 임신한 세멜레를 질투했고, 그런 헤라의 속임수에 넘어간 세멜레는 제우스에게 본 모습을 보여 달라고 했다가 강렬한 빛에 불타

죽었습니다. 그러자 제우스는 죽은 세멜레의 뱃속에서 아이를 꺼내 자신의 허벅지 안에 넣은 후 태어나도록 했습니다. 그래서 디오니소스는 '허벅지에서 다시 태어났다'는 의미가 있답니다.

디오니소스는 우연히 포도주 만드는 법을 알게 되어 다니는 곳마다 사람들에게 알려 주었습니다. 그러자 언제나 풍요롭고 즐거운 축제가 벌어졌습니다. 그래서 고대 그리스에서는 디오니소스를 '해방자'로 불렀습니다. 포도주와 음악, 춤은 사회적으로 억압받던 사람들에게 자유를 주었답니다. 당시 그리스 사회에서 소외되었던 노예나 외국인은 디오니소스를 숭배하기 시작했고, 이는 곧 밀교의 형태로 발전했어요.

디오니소스교의 신도를 '바카'라고 부릅니다. 특이하게도 바카의 대부분은 여성이었습니다. 이들은 산짐승이나 가축, 어린아이 등을 제물로 바치고, 광란에 빠진 상태에서 살아 있는 제물을 먹고 피를 마시기도 했습니다. 이런 행위를 통해 신과 하나가 되어 무한한 생명을 얻을 것으로 기대했지요.

고대 그리스인은 왜 광기에 가까운 디오니소스교를 믿었을까요? 학자의 말에 따르면, 고대 그리스인은 디오니소스에 매우 우호적이었습니다. 척박한 땅에서 사는 그리스인

인간에게 포도 재배와 술 만드는 방법을 알려 준 술과 풍요의 신 디오니소스

에게 포도와 올리브 재배법을 알려 주었고, 이성을 강조하는 그리스 사회에서 광기와 같은 열정은 오히려 매력적이었습니다. 그래서 디오니소스교의 이런 행위를 일상생활을 위한 일시적인 스트레스 해소라고 보았답니다.

기원전 7세기부터 6세기 사이에 고대 그리스에서는 특이한 정치 형태가 나타났습니다. 귀족을 내쫓고 비합법적으로 정권을 얻은 사람인 참주가 지배했지요. 참주에게 민중의 지지는 매우 중요했습니다. 그래서 최초의 참주 페이시스트라토스가 가장 먼저 했던 일 가운데 하나는 디오니소스 신전을 세우고, 극장을 만든 것입니다. 고대 그리스 사회에서 디오니소스교는 단순히 신에 대한 숭배뿐만 아니라 대중을 지배하기 위한 정치적 장치이기도 했습니다.

금욕을 강조하는 오르페우스교

• • •

오르페우스는 그리스의 유명한 음악가입니다. 그는 에우리디케라는 정령과 결혼했습니다. 얼마 후 에우리디케는 산책 도중 자신에게 추파를 던지는 양치기를 피해 도망치다 뱀에 물려 죽었습니다. 오르페우스는 그녀를 애도하는 곡을 연주

저승에서 도망쳐 나오는 오르페우스와 에우리디케

했고, 이 곡을 들은 모든 사람은 슬퍼했지요. 결국 그는 저승으로 가서 하데스와 페르세포네에게 자신의 연주를 들려주고, 아내를 다시 만났습니다. 이승으로 나갈 때까지 절대로 뒤를 돌아보지 않겠다고 약속했지만, 잠깐 뒤를 돌아본 순간 다시 아내를 잃고 말았지요.

이후 오르페우스는 여성을 멀리하고 금욕적으로 생활했습니다. 그의 가르침은 그리스 전역으로 전해졌고, 기원전 7세기쯤 하나의 종교가 되었습니다. 오르페우스교에서는 육체적이고 물질적인 쾌락보다 정신적 쾌락에 더 높은 가치를 두었습니다. 그리고 슬픔에서 해탈해 신과 교감하는 것을 최종 목적으로 삼았습니다.

고대 그리스에서는 사후세계에 대한 관심이 많지 않았습니다. 그래서 일부 학자는 오르페우스교가 이집트 종교에서 영향을 받은 것으로 추정합니다. 이집트인은 죽음과 사후세계에 대해 굳건한 믿음이 있었습니다. 인간은 '카'라는 영혼 또는 생명의 힘과 더불어 타인과 자신을 구별하는 '바'라는 인격이 있습니다. 그래서 죽은 뒤에도 바를 육체에 남겨 카가 자유롭게 움직일 수 있도록 하고, 바와 카가 다시 합쳐지면 부활한다고 믿었습니다. 시체를 미라로 보존한 것도 바로 이런 이유에서입니다.

오르페우스교는 인간이 영원한 신을 닮을 수 있도록 돕는 것이 종교의 역할이라고 보았습니다. 이를 위해서는 쾌락을 통제할 필요가 있었지요. 비록 그리스가 몰락하면서 오르페우스교도 사라졌지만, 이런 특징은 후일 기독교에도 많은 영향을 미쳤답니다.

무신론과 브라이트 운동

• • •

무신론은 신의 존재를 부정하는 사상을 의미합니다. 고대 사회에서는 신을 믿지 않는 시민을 중죄로 고발하고, 무거운 벌을 내렸습니다. 우리에게 잘 알려진 그리스 철학자 소크라테스는 질문을 통해 자신의 무지를 깨닫는 방법을 사용했습니다. 반복되는 질문으로 자신이 잘 안다고 생각하는 믿음에 오류가 있음을 깨닫도록 하는 것이지요. 소크라테스는 아테네의 신을 믿지 않았다는 이유로 고발되어 결국 독약을 마시고 죽었습니다.

고대 아테네에서는 지혜로운 사람을 **소피스트**라고 불렀습니다. 정치·철학·수사학·수학·의학 등 여러 분야에서 토론을 벌이며 활동했던 일종의 지식인 집단입니다. 소피스트

가운데 가장 유명한 사람은 철학자 프로타고라스입니다. 그는 신을 존경하지만, 신이 존재하는지는 알 수 없다고 말했습니다. 프로타고라스 역시 무신론자로 고발당해 아테네에서 추방되었습니다.

중국에서는 진나라가 몰락하고 남조와 북조로 분열했습니다. 6세기 초 남조에는 양나라가 세워졌는데, 이 나라에는 범진이라는 유명한 학자가 있었습니다. 그는 매우 올바른 성격이었고, 부나 권력을 탐하지 않았답니다. 당시 중국의 여러 나라에는 불교가 번성했습니다. 무신론자였던 그는 불교를 믿는 왕과 논쟁을 벌였는데, 논리에서 패한 왕은 그에게 관직을 제안했습니다. 하지만 그는 자신의 신념을 팔아 관직을 얻을 수 없다면서 계속 무신론을 주장했지요.

17세기 후반 유럽에서는 **계몽주의**가 등장했습니다. 계몽주의는 이성을 통해 무지를 타파하고, 현실을 개혁하려는 운동입니다. 프랑스의 대표적인 계몽주의자는 철학자 드니 디드로입니다. 그를 중심으로 프랑스의 여러 계몽주의자는 세상의 모든 새로운 지식과 개념을 백과사전으로 편찬했습니다. 이 백과사전은 총 35권으로 구성되어 있는데, 책으로 만드는 데 무려 20년 이상이 걸렸답니다. 디드로는 《백과전서》를 편집하면서 이신론자가 되었고, 결국 무신론자가 되었습니다.

오늘날 **무신론**은 크게 두 가지로 구분할 수 있습니다. 한 가지는 신의 존재를 알지 못하고 신의 존재도 믿지 않는 것입니다. 그리고 다른 한 가지는 신의 존재를 이해하지만, 신의 존재를 부정하는 것이지요. 최근에는 종교를 쉽게 인정하지 말고, 반드시 비판하고 합리적인 논쟁의 대상으로 삼아야 한다는 신무신론이 등장했습니다. 과학적 관점에서 신의 존재를 살펴보려는 것이지요. 신무신론의 대표적인 학자로는 영국 생물학자 리처드 도킨스나 미국 철학자 대니얼 데닛 등이 있습니다.

신무신론자는 무신론자에 대한 인식을 바꾸기 위한 운동을 전개하고 있습니다. 바로 **브라이트 운동**이지요. 브라이트는 '밝은' 또는 '현명한'이라는 뜻을 가진 형용사인데요. 무신론에 대한 정체성을 공유하고, 무신론자에 대한 사회의 편견을 바꾸기 위한 시도입니다. 과학의 발전과 함께 신의 존재와 종교의 의미를 새롭게 생각해 볼 필요가 있지요.

유랑단 게시판

1. 고대 그리스에서 밀교가 유행했던 이유는 무엇일까요?

2. 여러 가지 밀교의 공통점은 무엇일까요?

사진 출처

12쪽	Museo de Altamira y D. Rodríguez / commons.wikimedia.org
20쪽	Ulsan Petroglyph Museum / commons.wikimedia.org
24쪽	Republic of Korea Ministry of Culture, Sports and Tourism Cultural Heritage Administration (대한민국 정부 문화체육관광부 문화재청) / commons.wikimedia.org
36쪽	d_odin / shutterstock.com
64~65쪽	Lizzy Shaanan Pikiwiki Israel / commons.wikimedia.org
124쪽	Dharma from Sadao, Thailand / commons.wikimedia.org
132쪽	Cmichel67 / commons.wikimedia.org

다른 인스타그램

뉴스레터 구독

세계 종교 유랑단
다문화 시대의 세계시민을 위한
분쟁과 공존 이야기

초판 1쇄   2024년 10월 28일

지은이   김서형

펴낸이   김한청
기획편집 원경은 차언조 양선화 양희우 유자영
마케팅   정원식 이진범
디자인   이성아 김현주
운영   설채린

펴낸곳 도서출판 다른
출판등록 2004년 9월 2일 제2013-000194호
주소 서울시 마포구 동교로 27길 3-10 희경빌딩 4층
전화 02-3143-6478   **팩스** 02-3143-6479   **이메일** khc15968@hanmail.net
블로그 blog.naver.com/darun_pub   **인스타그램** @darunpublishers

ISBN 979-11-5633-643-3 43200

다른 생각이
다른 세상을 만듭니다